Escrime
et éducation

Escrime et éducation

par

Daniel REVENU

Préface de Georges RIOUX

PARIS

LIBRAIRIE PHILOSOPHIQUE J. VRIN

6, PLACE DE LA SORBONNE, Vᵉ

1974

Les photographies reproduites dans cet ouvrage proviennent de la Collection de l'Institut National des Sports de Paris, auquel nous adressons nos remerciements.

PRÉFACE

L'homme de la Société moderne n'existe d'une manière authentique que dans la pratique sportive qui lui permet de réaliser, à la fois, son propre approfondissement et la découverte d'autrui.

Subjectivité incarnée, la corporéité oriente l'ensemble des tensions intérieures d'un vouloir et d'un pouvoir en conflit ou en concurrence ; l'athlète vit le problème d'une situation non résolue qui le guide dans ses efforts de dépassement. Le but apparaît comme manque, l'espace comme liberté laissée au possible, la droite et la gauche s'offrent comme facultés de discrimination et d'écart, le temps se présente comme registre symbolique d'ouverture à l'être et l'habitude comme aptitude à répondre à des types de situations par certaines formes de solution.

En découvrant tout ce qui se structure en lui à son insu, l'homme atteint directement la vision intime de l'originalité foncière individuelle et générale.

Au cours du face à face de l'escrime, le corps annexe tout particulièrement celui d'autrui et, le schéma corporel — non différence de soi à soi — devient charnière pour l'autre en une intercorporéité unique : la même prégnance de l'objectif module d'avance l'ajustement de chacun selon une polarisation existentielle commune. Les adversaires se révèlent interlocuteurs qui, dans la mesure où ils se comprennent bien, dépassent ensemble ce qu'ils savaient déjà ;

ce dialogue à signification ouverte exprime un large mouvement de pensée où la vivacité de l'intelligence joue un rôle essentiel à travers des actions rapides et complémentaires. La qualité de l'appréhension de soi et des autres détermine alors la valeur individuelle, et l'équipe peut s'exprimer en un acte de confiance partagée, englobant, sans les détruire, les justes aspirations de chacun.

Nul mieux que Daniel Revenu ne pouvait traduire toute la valeur éducative de l'escrime qu'il pratique depuis l'âge de huit ans. Entré en compétition en 1952, dès l'âge de dix ans, il fait partie de l'équipe de France depuis 1960, avec un palmarès particulièrement flatteur.

Par équipes :

- médaille de bronze aux Jeux Olympiques de 1964,

- champion du monde universitaire en 1965,

- champion du monde militaire en 1966,

- champion olympique en 1968,

- champion du monde toutes catégories en 1971,

- médaille de bronze aux Jeux Olympiques en 1972.

A titre individuel :

- aux *championnats du monde :* 5e en 1963, 2e en 1965, 7e en 1966, 5e en 1969, 7e en 1973.

- aux *jeux olympiques :* 3e en 1964 et en 1968,

- aux *jeux universitaires :* 3e en 1963, en 1965 et en 1967.

Professeur d'Éducation Physique et Sportive à l'Institut National des Sports (section d'escrime) après avoir exercé au Lycée de Melun, il a fait ses études de Psychologie à l'Université François-Rabelais de Tours et reste toujours en contact étroit avec son Institut de recherches.

L'objectif essentiel de Daniel Revenu est l'amélioration des méthodes d'enseignement pour le développement intégral de l'homme : son livre doit être, pour beaucoup, une révélation.

Georges RIOUX.

PREMIÈRE PARTIE

PRÉSENTATION

Le corps constitue un moyen d'expression irremplaçable pour l'enfant ; une analyse sérieuse de son comportement ouvre par conséquent de grandes possibilités pour le connaître.

L'entourage de l'enfant doit attacher la plus grande importance à ce besoin fondamental d'activité, dont la lutte, l'affrontement avec autrui, demeurent les manifestations les plus caractéristiques. Le jeu et le sport présentent beaucoup de points communs : la comparaison n'est pas originale. Nous ne désirons pas aborder ici l'étude des motifs et mobiles qui déterminent la préférence pour un jeu ou la pratique d'une activité sportive ; mais, partant de ce que représente le corps comme moyen d'expression et comme moyen de compréhension d'un être en formation, nous estimons que le pédagogue doit s'efforcer « d'aller vers » celui qu'il va aider, avant d'intervenir, à l'instar de la démarche du médecin.

Existe-t-il des différences notables entre l'escrime — sport de combat, le seul où le contact direct avec l'adversaire soit sanctionné ! — et les autres « familles » de sports, individuels et collectifs ? Pourquoi un sujet va-t-il mieux s'épanouir en faisant de l'escrime qu'un autre, qui, *a priori*, a le même caractère et les mêmes qualités et défauts ?

D'abord, qu'est-ce que l'escrime ?

C'est un sport de combat qui se pratique à deux : ni sport individuel, ni sport d'équipe. Cette situation d'opposition au moyen d'une arme — un mètre de métal — nous apparaît comme une caractéristique primordiale : à elle seule, elle interdit de considérer l'escrime comme un sport individuel, puisqu'elle impose l'observation de l'adversaire et une adaptation constante à ses moindres gestes. Cet effort vers « l'autre » s'effectue à deux niveaux : technique et affec-

L'assaut constitue un événement unique dans l'histoire de chacun, intervenant à un moment bien précis dans la vie

tif. Technique, parce que le degré de réussite est lié à un certain nombre d'acquisitions plus ou moins spécifiques (maniement de l'arme, maîtrise du corps, vitesse de réaction, notion de distance, etc.). Mais aussi affectif, puisque la relation met en présence deux personnalités.

On comprend mieux que chaque geste puisse revêtir une certaine valeur, notamment dans la préparation de la touche (la réalisation dépendant davantage du domaine de la technique) : veut-on faire commettre une faute à l'adversaire ? Veut-on faire croire que l'on se prépare à attaquer ? ou qu'on attend son attaque pour en tirer parti ? etc.

Ces quelques exemples, suffisamment explicites, montrent que cet aspect de l'escrime, malheureusement encore inexploré par la grande majorité des maîtres d'armes, est aussi important que la somme des « savoir-faire ». D'ailleurs ces deux « volets » sont indépendants l'un de l'autre : un tireur présumé meilleur technicien peut fort bien se faire battre par un opposant qui aura mieux « senti » ce qu'il fallait faire. Réciproquement, on peut comprendre le jeu du vis-à-vis, même moins fort, et perdre le match.

Malgré la place de ces facteurs — arme et adversaire —, l'escrime reste encore mal définie : des règles sont propres à chaque arme (gestes techniques, surfaces valables, dimensions du terrain, contrôle humain ou électrique des touches, convention à respecter ou non). C'est un sport qui se pratique à tout âge, même par des handicapés, et aussi bien par des hommes que par des femmes ; chaque adepte demeure libre de doser lui-même sa séance, dans son intensité, sa durée, et son contenu (choix des adversaires, comportement au cours de chaque combat, but poursuivi, ...). On tire individuellement, ou par équipes ; dans le premier cas, le tireur est seul responsable de son attitude, il n'engage que lui ; par équipes, la victoire est le but que se fixent tous les équipiers : ils deviennent solidaires dans la lutte, et il ne s'agit pas de se décourager quand on vient de manquer une touche facile ou quand l'arbitre vient de rendre une décision litigieuse !

Ces différentes considérations nous paraissent suffisantes, pour l'instant, pour présenter l'escrime dans ses grandes lignes, et en tant que moyen privilégié d'expression. A l'entraînement, le pratiquant peut choisir ses partenaires, et faire avec chacun d'eux le travail qui lui plaît, ou que le maître lui propose. Il a toute liberté pour conduire son combat comme il le désire : en se dépensant sans compter ou en économisant ses forces, en cherchant à s'imposer en finesse, en force, selon son caractère. En compétition, il va trouver l'occasion de s'éprouver face à des tireurs qu'il connaît moins : l'enjeu le poussera à faire appel à toutes ses ressources. Mais ce dépassement de soi-même ne peut être obtenu qu'avec l'autre ; en somme, chacun va s'aider à reculer les limites de son savoir, de son pouvoir et de son vouloir, pour s'accomplir un peu mieux. Sport passionnant !!!

Sortons maintenant de l'ombre deux éléments, peut-être déterminants dans cette situation de face à face : le sexe et l'âge du tireur d'une part, et de l'autre le cadre dans lequel va se dérouler ce combat (loisir ou compétition).

Un adolescent, un homme, n'ont pas le même comportement social qu'une femme. Il en va ainsi en escrime : un garçon de dix ans n'a pas les mêmes besoins et capacités qu'un garçon de 20 ans ou un adulte de 40 ! Certains sujets accorderont davantage d'importance à la compétition, et ce d'autant plus qu'ils seront jeunes ; car, progressivement, la manière de porter les touches prend le pas sur leur nombre, à un point tel que le tireur attache plus d'intérêt à quelques belles actions qu'il a réalisées qu'à toutes les touches qu'il a reçues.

Nous en arrivons à l'enjeu : le combat, mise à part la

valeur que lui attribue le sujet, est-il dépourvu de tout enjeu (entraînement), ou bien se situe-t-il dans le cadre d'une compétition organisée ? Et encore faut-il nuancer ces propos : il peut fort bien arriver que le tireur se batte avec plus de vigueur au cours d'un assaut en salle que pendant une épreuve officielle !

Ces quelques remarques sont forcément incomplètes ; nous espérons qu'elles auront su cependant montrer la variété infinie des éléments qui constituent l'assaut, situation unique, qui ne peut être reproduite. Mais notre analyse reste à préciser : comment s'effectue l'engagement direct avec l'opposant ? Par quels moyens est-il possible de sonder ses intentions, ses velléités, son degré de fatigue, ses réserves ? Quelle est la valeur exacte de ces informations ? Que sait l'autre de nos propres intentions tactiques ? Comment nous perçoit-il ? En résumé, comment étudier son adversaire ?

Sans entrer dans les détails, nous indiquerons les deux moyens essentiels dont dispose l'escrimeur : ses yeux, son arme. Une observation méticuleuse permet de saisir une foule de détails, insignifiants pour le profane, mais très intéressants pour le tireur habitué, qu'il peut utiliser pour tenter de porter une touche. Tout d'abord, la morphologie, la taille, l'allure générale : l'adversaire paraît-il nonchalant ou actif ? Est-il gaucher ou droitier ? Son attitude « en garde » découvre-t-elle des points vulnérables ? A-t-il des manies, des « tics », signes d'une certaine appréhension ou nervosité, ou bien paraît-il très attentif ? Quel est le ton de sa voix, et quel état d'esprit traduit-elle ? Que fait-il dès le commandement de « Allez ! » : attend-il, engage-t-il tout de suite le combat, ou bien prend-il le temps d'observer, etc. ? Paraît-il très concentré, ou bien énervé ? Dans ce dernier cas, quelle en est la cause : est-elle propre à lui-même (il ne réussit pas ses actions) ou à son adversaire (une attitude, des gestes qui le gênent) ? Préfèret-il essayer de prendre la direction du match, ou laisse-t-il l'initiative pour tirer profit de la faute ? Pourquoi ?

Naturellement, toutes ces questions ne se posent pas simultanément ; elles reçoivent progressivement leur réponse au cours de l'assaut. Seulement, ces éléments recueillis ne sont jamais définitifs : certains durent plus que d'autres, car ils traduisent des traits marquants de la personnalité ; d'autres apparaissent plus fugitifs, sujets à modification, signes d'une adaptation plus ou moins consciente. Avant de rencontrer un adversaire, il est donc naïf d'attacher une trop grande importance à ce que l'on a appris de lui lors de rencontres précédentes, ou par ouï-dire. Un tireur qui a eu lors d'un match tel comportement bien précis, peut être méconnaissable lors de la compétition suivante, ou même seulement quelques minutes après.

Nous venons de nous pencher sur le premier moyen de prise de contact : la vue. Un autre le complète, en particulier au fleuret et à l'épée : l'arme proprement dite, un mètre de métal froid, inerte, qui transmet pourtant tellement d'informations à celui qui sait les analyser ! Le moyen s'avère toutefois moins sûr. L'adversaire peut ne pas désirer ce contact direct qu'on lui propose ; peut-être même le fuit-il ? Car, à travers lui, c'est un peu de sa personnalité qu'il laisse passer. Cette arme est-elle tenue par une main ferme, volontaire, ou par une main plus féline, sournoise même, cachant mieux les intentions ? Est-ce que ce fer semble prêt au combat, trahissant un opposant décidé à s'en emparer pour le contrôler, le maîtriser, le mettre hors d'état de nuire ? Ou bien recule-t-il devant le contact, parce qu'il ne veut pas prendre le risque de tomber dans un piège, ou parce que le tireur est fatigué et ne veut pas se trahir ?

Cet engagement direct peut s'effectuer selon des modalités diverses : soit sèchement, soit par battements successifs — qui servent autant à contrôler qu'à préparer une attaque —, soit par des pressions de durée et de force variables pour masquer les intentions, etc.

A ces deux moyens d'approche que sont l'observation et le sentiment du fer, il conviendrait d'en ajouter un troisième beaucoup plus intuitif, qui se situe au niveau de l'affectivité (« l'esprit de finesse » de Pascal), et qui se traduit difficilement par des mots (la connaissance par le cœur ?). La prise d'informations étant faite, deux problèmes restent encore à résoudre : quelle est la valeur de celles-ci ? Comment les exploiter ?

La meilleure manière d'en estimer la valeur réside dans l'action : constater sans tirer parti demeure incomplet. L'exploitation sera positive lorsqu'elle amènera une touche ; ou alors, elle deviendra un échec, et il restera au tireur à essayer d'en trouver la cause, en quelques secondes (avant la reprise du combat) : cause technique, tactique, ou affective. Et cette double question se résume finalement à une seule : comment toucher sans se faire toucher ?

L'on comprend ainsi tout le sens que prend une qualité dont nous n'avons pas encore parlé ouvertement, mais qui restait sous-jacente depuis longtemps : l'anticipation. Elle nous paraît tenir un rôle capital dans ce rapport de forces entre deux combattants.

Permettons-nous ici un rapport historique : L'escrime est un sport qui a un long passé. Jusqu'en 1955 environ, la valeur des tireurs reposait essentiellement sur leur technique : éventail de coups exécutés à la perfection et leur enchaînement automatique, surtout au fleuret. Avec la venue de l'arme électrique, et la participation aux compétitions des représentants des nations de l'Est, l'augmentation numérique des prétendants à la victoire a exigé une bien meilleure préparation physique. A l'heure actuelle, nous considérons que les valeurs techniques et physiques s'avèrent sensiblement identiques. Mais comment les tireurs vont-ils être départagés ? Le critère qui va prendre le pas sur les deux précédents est celui que l'on appelle, improprement « préparation psychologique ». Plus exactement, il s'agit de la manière d'engager le dialogue avec l'autre, de l'emprise exercée, du contact de personne à personne, où la technique passe au second plan : elle tend pour ainsi dire à ne plus devenir qu'un moyen d'expression !

Reste à savoir comment cette notion d'anticipation se traduit à l'assaut. Nous avons vu qu'elle reposait sur deux sources d'information : visuelle et tactile (auxquelles il faudrait d'ailleurs ajouter l'information auditive).

Toutes ces données vont être exploitées par un tireur intelligent, attentif aux moindres gestes de l'adversaire, et au jugement d'autant plus rapide et « sûr » qu'il aura « du métier ». Ce dernier se constitue avec la somme des savoir-faire, bien sûr, mais également par la multiplicité des situations rencontrées, des expériences vécues. Nous citerons seulement deux expressions couramment employées dans le jargon des sportifs : « Je sentais ce qu'il allait faire... », et « Je n'ai rien senti ». Par des détails, souvent infimes, insaisissables pour le profane, un sujet entraîné parvient à imaginer, quand ce n'est pas à « voir », le comportement qui va se produire dans quelques instants. Ce degré de justesse dans l'anticipation n'est pas souvent atteint, et il reste fugitif ; nous ne pouvons pas l'analyser ni l'expliquer.

*
**

Cette longue introduction présente peut-être l'inconvénient d'être trop abstraite. Pour donner une idée de la manière dont l'escrime est perçue par des adultes non pratiquants ou pratiquants, nous allons reproduire quelques témoignages choisis parmi des dizaines d'autres. Depuis 1970, l'enseignement à un groupe de jeunes a été introduit au programme d'études des élèves-maîtres d'armes de l'École d'Escrime de l'Institut National des Sports. Dans les pages qui vont suivre, nous nous servirons souvent d'éléments tirés de ces observations, que la grande majorité des participants, a trouvées très positives (— enfants, parents, maîtres d'école, stagiaires et nous-mêmes —).

1) *Les parents* :

M. C. (Vincennes) : « François a commencé l'escrime avec beaucoup de joie, et c'est aujourd'hui le sport qu'il préfère très nettement. Garçon vif, intelligent, mais nerveux, il semble que la pratique lui ait apporté un certain équilibre. »

M. G. (Vincennes) : « Nicole, qui n'est pas une grande sportive, voit avec joie arriver le mercredi après-midi et se rend avec beaucoup de plaisir à sa séance d'escrime. Elle se montre très enthousiaste, et nous fait à son retour des démonstrations accompagnées des termes adéquats. »

M. G. (Champigny) : « Nous sommes satisfaits que Sylvie fasse de l'escrime, car, outre l'intérêt très vif qu'elle y apporte, nos pensons que ce sport est à la base d'un changement psychologique que nous observons depuis quelque temps : la diminution de son manque de confiance en elle, de son complexe d'infériorité. »

M. L. (Vincennes) : « ... Le repas du soir est fertile en explications et démonstrations ; j'ai cessé de provoquer Jean-Philippe afin de sauvegarder les quelques bibelots auxquels nous tenons... Mon fils déclare apprécier le fait d'être désigné en tant que juge ou assesseur. »

M. P. (Champigny) : « ... Il apprécie le fait d'avoir dès

le début pu se servir d'un fleuret et d'un masque vis-à-vis d'un adversaire... »

2) *Les maîtres d'école :*

Mme P. CM 2 à Vincennes : « L'évolution de la classe en trois mois a été stupéfiante ; l'escrime a cimenté des enfants de niveau et d'origine très différents, et le travail scolaire s'en trouve nettement amélioré. »

Mme Z. CM 2 à Saint-Maur : « Ce qui nous étonne, c'est la persistance de l'intérêt de nos gosses pour l'escrime après quatre mois de pratique. Ils sont toujours autant emballés par leurs séances, et les exceptions sont rares ! »

Mme T. CM 2 à Saint-Maur :

M. G. CM 1 à Charenton : « Les conversations et les questions sur ce sport ont été nombreuses ; il y a eu des prolongements en vocabulaire, expression orale et écrite, et en morale. J'ai trouvé que la fatigue, habituelle en fin de trimestre, était inexistante cette année. »

Mme B. CM 1 à Champigny : « La pratique de l'escrime a changé l'atmosphère de la classe. Dans l'ensemble, les enfants sont plus calmes, plus attentifs, plus équilibrés... l'escrime a contribué à l'épanouissement général : recherche d'équilibre, de précision dans les jugements, plus grande camaraderie, échanges plus fréquents entre garçons et filles. »

3) *Des élèves-maîtres d'armes :*

C. F. : « La participation des enfants est explosive, leur enthousiasme débordant... Ils me surprennent par leur sens de la recherche. »

S. G. : « ... La progression des trois premières séances a été établie par les enfants qui désiraient acquérir une technique suffisante pour toucher sans se faire toucher... »

M. R. : « Au début de l'année, je ne voyais pas quelle progression adopter ; les jeunes me l'ont donnée eux-mêmes, et elle me paraît à présent s'enchaîner. »

Terminons sur ce court dialogue de fin de séance :

— « Que pensez-vous de l'assaut maintenant ? »

— « On fait moins de bêtises qu'avant ! »

— « Comment pouvez-vous dire que vous faisiez des bêtises ? »

— « Parce que maintenant on s'en rend compte ! »

4) *Les enfants :*

Laurent D. (10 ans) : « Pendant le combat, j'éprouvais un sentiment heureux. J'étais rempli de fierté en tenant le fleuret, je me prenais pour d'Artagnan contre un irréductible ennemi, et je m'en allai heureux de cette leçon. »

Philippe P. (10 ans et demi) : «... Et puis le maître d'armes a dit à Pierre et à moi de nous battre, et puis j'ai gagné ; nous avons encore fait quelques petits exercices, puis nous sommes rentrés. J'étais encore plus heureux que la dernière fois. »

Marc L. (9 ans) : « J'aime vraiment tout dans l'escrime, il n'y a rien qui ne me plaît pas, et je suis bien déçu quand arrive la fin de la séance. »

Blandine E. (9 ans) : « J'aime bien l'escrime, car j'adore me battre au fleuret... Ce sport me plaît vraiment beaucoup ! »

Francis B. (8 ans et demi) : « Quand on avait fait un premier combat, j'étais en joie de me battre un fleuret en main. »

Nadia G. (10 ans) : « Le premier jour, je ne croyais pas

Guillaume C., 9 ans

Jacqueline A., 8 ans et demi

me battre avec un adversaire... et quand la leçon a été terminée, je trouve qu'elle a passé vite. »

Enfin cette dernière lettre ; de Pascale G. (10 ans et
demi) : « Puis ce fut la deuxième séance d'escrime, qui s'an-
nonça tout aussi palpitante que la première... La leçon était
mieux encore que la première, car je n'avais plus cette
angoisse que j'avais ressentie la première fois. J'étais heureuse, car je ne pensais pas que cette leçon soit plus intéressante que la première, qui m'avait paru un enchante-
ment ! »

Après avoir situé le cadre dans lequel nous nous plaçons,
et essayé de faire de l'escrime une présentation aussi peu
rébarbative que possible, il nous faut maintenant approfondir certains points : quelles sont les bases sur lesquelles
repose la pratique de l'escrime, ou, en d'autres termes, quels
sont les capacités physiques, les qualités psychologiques, et
les aspects sociologiques mis en jeu ?

Pour ne pas demeurer trop éloigné du concret, nous exa-
minerons des résultats à partir d'observations effectuées de
novembre 1969 à juin 1972 sur une population de jeunes garçons et filles âgés de 8 à 11 ans. Pendant ces trois années
scolaires, trente classes du Val de Marne, CM 1 et CM 2,
représentant environ 900 enfants, ont suivi une initiation à
l'escrime, à raison d'une heure hebdomadaire pendant 5 à
6 mois.

Nous tenterons enfin de tirer de ces observations, et
d'autres faits, quelques enseignements méthodologiques : ne
sommes-nous pas amenés à remettre en cause l'enseignement de ce sport, qui repose encore trop souvent sur l'imitation et la mécanisation ? Quelles peuvent être les nouvelles
conceptions pédagogiques ? Quels horizons ouvrent-elles ?

DEUXIÈME PARTIE

LE DÉVELOPPEMENT DE L'HOMME PAR LA PRATIQUE DE L'ESCRIME

Afin de mieux guider le lecteur profane dans sa découverte de l'escrime, nous avons opté pour un plan le plus souvent retenu, en analysant les aspects physiologiques, psychologiques et sociologiques sollicités. Loin de nous, l'idée de vouloir distinguer trois niveaux dans la pratique sportive, ou dans toutes les activités humaines. Ces dernières sont caractérisées par un grand nombre de composantes, tellement entremêlées qu'elles n'ont pour ainsi dire pas de limites.

CHAPITRE I

LES BASES PHYSIOLOGIQUES

Plusieurs éléments doivent être considérés à ce niveau, dont les plus importants sont la maîtrise corporelle générale, la perception du corps propre par rapport au monde extérieur (notamment par rapport à l'opposant), le développement fonctionnel, et le développement sensitif. Pour ne pas nuire à l'unité du texte, nous traiterons à part les aspects fonctionnels, moins spécifiques, que le lecteur intéressé trouvera en fin de chapitre.

A. — LA MAÎTRISE CORPORELLE GÉNÉRALE.

Nous n'avons pas l'intention de passer en revue les différents groupes musculaires sollicités à des moments successifs au cours de l'assaut. Nous nous contenterons de schématiser cette maîtrise corporelle dans les trois phases les plus marquantes : savoir se placer, savoir se déplacer, savoir « tirer ».

1) *Savoir se placer.*

On ne se met pas « en garde » n'importe comment pour se battre. La position adoptée doit répondre à plusieurs impératifs, dont le plus important est, à nos yeux, de se sentir bien dans une position équilibrée : sur les pieds (ni trop, ni trop peu écartés), pour permettre des déplacements rapides ; les jambes légèrement fléchies, qui favorisent aisance et vitesse dans les mouvements ; le bassin bien au-dessus du polygone de sustentation ; tronc pratiquement vertical, les épaules se plaçant naturellement. Les bras doivent être aussi décontractés que possible : le bras qui ne tient pas l'arme joue un rôle équilibrateur, pendant la fente et le retour en garde ; le bras armé doit pouvoir se contracter et se décontracter rapidement pendant les différents moments de l'activité. La main doit tenir l'arme fermement, mais non exagérément, ce qui entraînerait une fatigue nuisible. Enfin, la tête doit être bien équilibrée sur le tronc, le cou droit, sinon il en résulterait une tension parasite des muscles du cou.

Cette description succinte n'a rien de scientifique. La position de garde, même si elle paraît plutôt statique, doit permettre d'observer dans de bonnes conditions, et souvent de rendre possibles des déplacements tant offensifs que défensifs très vifs ; elle se caractérise par conséquent par une décontraction maximum de tous les muscles non sollicités, pour que leur contraction s'effectue le moment venu dans les meilleures conditions.

2) *Savoir se déplacer.*

Nous abordons ici un des points majeurs de ce sport : le déplacement sur la piste permet de compléter et d'exploiter l'observation. Se rapprocher ou s'éloigner de l'adversaire donne des indications sur ses intentions. Ces mouvements s'effectuent généralement vers l'avant et vers l'arrière, et plus rarement sur le côté (utilisation tactique du bord de la piste, notamment dans le cas d'un assaut entre un gaucher et un droitier).

La mobilité intervient aussi pendant la phrase d'armes

proprement dite, échange qui se termine le plus souvent par une touche. Ces déplacements sont alors plus variés. A la marche et à la retraite déjà évoquées, peuvent s'ajouter la demi-fente, la fente, les « passes », la « balestra », la « flèche », et le redoublement, dont l'utilisation est motivée par la distance séparant les tireurs [1].

Ces déplacements seront combinés — au fleuret en particulier, de plus en plus fréquemment — avec des esquives du tronc, ou des flexions vers le bas, des rotations du tronc ou du corps entier, pour éviter la touche, ou préparer celle que l'on va essayer de porter. Ils développent deux qualités interdépendantes, la vitesse et la coordination, et ils sont en étroite relation avec une qualité sur laquelle nous reviendrons plus loin, l'appréciation de la distance.

Vitesse et coordination sont spécifiques de l'escrime ; mais elles peuvent être développées par d'autres activités sportives.

3) *Savoir* « *tirer* ».

Pour le profane, l'escrime reste très souvent un sport peu fatigant, où les déplacements demeurent peu rapides. Il suffit de faire quelques assauts pour s'apercevoir du contraire ! Dans cette pratique, où l'appréciation de la distance joue un rôle primordial, il importe en premier lieu d'apporter des corrections perpétuelles aux variations de cette distance. A celle-ci, il faut ajouter les actions offensives, dont l'illustration la plus marquante est celle portée avec fente (projection complète et brutale du corps vers l'avant par détente de la jambe arrière, avec retour en garde,

---

1. Nous renvoyons le lecteur désireux d'approfondir ses connaissances techniques à des ouvrages spécialisés, comme le *Traité d'escrime*, de Maître Raoul CLÉRY, et *L'escrime moderne*, de Maître Pierre THIRIOUX.

position de base), qui entraîne une activité musculaire intense.

A ce niveau, deux problèmes nous paraissent devoir être résolus par le pratiquant :

a) *la coordination entre les bras et les jambes.* En effet, l'escrimeur peut fort bien « comprendre » son adversaire, voir ce qu'il faut faire, et mal exécuter le geste, par exemple parce que les jambes auront précédé l'action du bras ;

b) *la vitesse.* Elle se concrétise dans deux domaines :

— la perception et l'analyse des signaux constituant la situation, qui repose essentiellement sur la vitesse de transmission des influx nerveux ;

— la réaction et l'exécution motrice : contractions coordonnées des différents groupes musculaires sollicités.

B. — LA PERCEPTION DU CORPS PROPRE PAR RAPPORT A AUTRUI.

Dans le chapitre précédent, nous avons analysé le cas d'un tireur « isolé », et les caractéristiques que nous avons évoquées auraient pu être communes à un grand nombre d'autres activités sportives. Maintenant, devenons escrimeur chevronné ; enfilons la tenue, mettons le masque, tenons bien notre arme : nous allons nous battre !

En quoi cette nouvelle situation, si particulière, va-t-elle se différencier de la précédente ?

Tout d'abord, il y a l'arme qui, en m'éloignant de l'adversaire (car c'est avec son extrémité que l'on touche) supprime le contact direct. De plus, son maniement pose un sérieux problème d'adaptation, de maîtrise, qui ne pourra progressivement être résolu que par l'entraînement.

J'ai donc quelqu'un en face de moi, aussi décidé que moi à gagner ce match. *J'ai déjà à me « situer » vis-à-vis de lui,* en tenant compte de sa morphologie, de la main avec laquelle il tient son arme, des dominantes de son comportement, et par conséquent de sa manière de tirer, et de son caractère. Je dois aussi tenter d'apprécier ses velléités, ou son degré de patience, ou de fatigue ; déceler ses points forts, ses « spéciaux », et ses faiblesses. Mon jugement de la distance doit être sûr, car une touche se porte souvent au millimètre près : suis-je suffisamment près de lui, compte tenu de mes propres qualités de détente et de souplesse ? peut-il me toucher là où il se trouve, ou bien l'ai-je mis hors de distance ?

Autre considération : *je vais devoir être capable de me situer avec précision sur la piste* : par rapport à ses limites latérales (si je les dépasse, la touche que je mettrais éventuellement ne compterait pas), et à ses limites de fond (si je les franchis, je serai compté touché).

Enfin, je dois bien maîtriser les mouvements de mon corps, dans toutes les positions.

Ces remarques nous paraissent prendre le plus d'importance à l'épée, discipline où la surface valable est représentée par la totalité du corps ; la main et l'avant-bras sont particulièrement menacés, et leur exposition même fugitive peut immédiatement être exploitée par un adversaire avisé !

ANNEXE

Les aspects fonctionnels développés par l'escrime

Nous aborderons successivement les fonctions respiratoire, circulatoire, et le fonctionnement sensitif.

A. — LE DÉVELOPPEMENT DES GRANDES FONCTIONS.

1) *La respiration.* Elle ne s'effectue pas dans les meilleures conditions possibles, pour plusieurs raisons :

— l'escrime est un sport de salle, l'air ne s'y renouvelle donc pas aisément ;

— l'ampliation thoracique se trouve gênée par une tenue qui, malgré des progrès certains, ne permet pas souvent des mouvements respiratoires complets ;

— le port du masque protecteur constitue également une gêne, minime il est vrai, à laquelle on s'habitue très rapidement.

Dans un combat acharné, le tireur peut difficilement assurer une bonne ventilation pulmonaire ; il se crée par conséquent une dette d'oxygène, dont l'importance varie avec plusieurs facteurs : le degré d'entraînement, l'aération de la salle, la durée et l'intensité de l'assaut nous paraissent les plus importants. Pour retarder l'apparition de l'essoufflement, le tireur doit exploiter les temps d'arrêt pour faire quelques mouvements d'inspiration et surtout d'expiration forcés.

2) *La circulation.* Ce que nous avons déjà pu écrire sur l'intensité des déplacements suffit à souligner l'épreuve imposée à l'organisme : le rythme cardiaque monte fréquemment à 120, 150 pulsations par minute à la fin d'assauts âprement disputés. Quand on sait qu'un tireur moyen dispute entre 5 et 10 combats dans une journée, et un bon tireur 15 à 20 au cours d'une épreuve, on comprend que la compétition laisse des traces : fatigue plus ou moins localisée, courbatures le lendemain. Au niveau international, les épreuves les plus importantes durent deux jours consécutifs, quand ce n'est pas quatre, séparés par un jour de repos (nous avons connu quatre jours consécutifs, et une cinquantaine de combats !). Même très entraînés, les athlètes sont sujets à des « coups de fatigue » plus ou moins visibles : défaillance passagère sur deux ou trois assauts (le tireur a moins de

ressort, de réussite, il ne « coïncide » plus avec lui-même, et souvent demeure incapable d'en déceler la cause), ou fatigue plus marquée (crampes) qui peut aller jusqu'à l'arrêt provisoire du combat, dans la limite des 10 minutes autorisées par le règlement.

Naturellement, l'entraînement permet d'atténuer les effets néfastes de la fatigue, en portant sur le rythme des combats volontairement « durs » qui alternent avec des matches moins soutenus, ou en portant sur leur durée, ou le nombre de touches disputées, ou enfin sur le repos ménagé entre eux.

Il reste possible de compléter cet entraînement par des activités non spécifiques : la course, la natation, les sports collectifs, voire la musculation.

B. — LE DÉVELOPPEMENT SENSITIF.

L'escrime se trouve à l'origine d'un développement sensitif très affiné ; en plus du sens kinesthésique dont nous avons déjà parlé au sujet de la maîtrise corporelle, la vision, le sens tactile et l'ouïe sont constamment sollicités pendant le combat.

1) *La vision* : elle intervient pour apprécier la distance entre la cible et l'arme. Elle joue un rôle considérable dans la conduite du match : de son appréciation, dépend une grande partie du comportement des antagonistes.

C'est elle aussi qui va guider le choix des gestes techniques, elle va aider la progression de la pointe de l'arme jusqu'à la cible choisie.

Les yeux sont très sollicités, en particulier en compétition, pour observer tout ce qui n'est pas en relation directe avec la situation de combat. Par exemple : un arbitre qui manque de fermeté, ou qui ne se place pas bien (et qui ne sanctionnera pas les fautes de combat), l'entraîneur qui se rapproche de son élève pour lui donner des conseils verbaux ou gestuels, ou encore un éclairage de la piste irrégulier (éviter de se trouver dans les zones d'ombre, essayer d'y amener l'adversaire).

Enfin, tous les gestes du vis-à-vis doivent être continuellement « épiés », pendant le combat proprement dit, comme pendant les interruptions. Il est très important de constater que l'opposant possède un excellent jeu défensif, ou qu'il ne sait pas se déplacer rapidement ; mais il s'avère aussi important de s'apercevoir qu'il n'aime pas que son adversaire contrôle son arme, ou encore qu'il reste sous le coup d'une décision qu'il considère injuste... Ne pas « sentir » ces petits détails empêche de saisir quelques occasions de touches ; cela rend le combat plus long, plus difficile, et retarde la victoire, ou entraîne la défaite. Si l'on voit l'autre tireur baisser les bras de temps en temps : est-ce la manifestation d'une fatigue naissante ? Il faut donc déployer une activité plus grande, surtout dans des déplacements vifs, pour préciser cette observation, et ne pas laisser le temps de récupérer, ou de bâtir le jeu.

2) *Le sens tactile* : il n'est pas sollicité directement, au niveau de la surface de la peau, mais seulement indirectement, par le biais des armes. On parle beaucoup de « doigté », de « sentiment du fer » : cette capacité à ne faire travailler que les muscles des doigts et de la main, pour éviter les contractions musculaires du bras et de l'épaule et à « sentir » l'autre par l'intermédiaire de l'arme. L'importance de ce doigté est indéniable ; mais son utilisation tactique devrait être mieux exploitée dans l'enseignement. Ce fer que l'on donne, ou que l'on prend, peut représenter un véritable « service de renseignements » : par lui ; on se « donne », et, dans une certaine mesure, on se trahit. (Mais on peut aussi traduire des fausses intentions !).

La finesse de perception et d'analyse de ces sensations tactiles ne peut résulter que de l'expérience vécue, non transmissible.

3) *L'ouïe* : on pourrait se demander, *a priori*, pourquoi consacrer un paragraphe particulier au sens auditif. L'audition se résume à la discrimination des sons et des bruits entendus, et à leur interprétation : ils peuvent provenir de sources différentes :

— les bruits auxquels le tireur fait le plus attention sont ceux émis, au fleuret et à l'épée, par l'appareil de signalisation électrique, et qui signifient l'arrêt des échanges. Ces signaux sonores se trouvent parfois à l'origine de méprises de la part d'un tireur qui s'arrête de bonne foi... alors que c'est l'appareil de la piste voisine qui a retenti. Il faut donc bien discerner les signaux sonores émis par les appareils ;

— mais ce sont surtout les paroles et les cris qui doivent être bien entendus et analysés : en premier lieu, les commandements du président de jury, qui fait engager le combat (« allez ! ») ou terminer l'échange (« halte ! »), et qu'il ne faut pas confondre avec ceux du président officiant à côté ! Cette voix du président doit être très rapidement familière aux tireurs.

En second lieu, d'autres personnes peuvent parler sur les abords de la piste, malgré l'interdiction formulée par le règlement (par exemple, l'entraîneur, des équipiers, des amis, ...) Ceux-ci prennent parfois le prétexte d'un passage à vide pour venir donner un rapide conseil, ou crier un encouragement, qu'il faut essayer de saisir au vol quand on n'en est pas le destinataire, sans négliger ce que peut dire l'adversaire et qui peut être très significatif !

CHAPITRE II

LES BASES PSYCHOLOGIQUES

En assaut, le tireur peut opter entre quatre attitudes principales : l'attaque à outrance, la défensive systématique, l'observation active, l'adaptation intelligente. Selon un certain nombre de facteurs (tempérament, motivation, adversaire, score...) ces types de conduite seront sujets à variation, et alterneront le cas échéant.

1) *L'attaque à outrance* : elle est le plus fréquemment signe d'un escrimeur entreprenant, impulsif, actif. Elle s'explique de deux manières :

— le manque de maturité suffisante pour tenir compte de celui qui est « en face » entraîne la non-maîtrise des impulsions premières. Ce comportement réussit parfois, car certains se trouvent très gênés quand ils restent soumis à un harcèlement ininterrompu ; mais si cet attaquant affronte un opposant plus lucide, qui sait se défendre ou contre-attaquer, il sera battu sans coup férir.

Ce type de conduite devient de moins en moins fréquent avec l'âge et l'expérience ;

— une décision délibérée d'empêcher l'adversaire de bâtir son jeu, de préparer lui-même ses attaques. Elle résulte la plupart du temps d'une observation qui a prouvé que l'autre est un excellent attaquant, rapide et précis, à qui il vaut mieux ne pas laisser l'initiative.

2) *La défensive systématique* peut également avoir deux origines :

— le tireur est calme, et n'a pas envie de prendre en mains le combat ; il se sent sûr de ses parades, ou de la rapidité de ses déplacements. Là aussi, indiquons les limites de cette attitude exclusive, où l'adaptation n'a pas sa place, à moins qu'elle ne soit imposée par des circonstances bien déterminées : un assaut décisif contre un adversaire qu'on sait vulnérable après ses attaques, ou match arrivant bientôt à expiration du temps réglementaire alors qu'on mène au score, ou encore fatigue, ou coup douloureux nécessitant un temps de récupération ;

— cette défensive peut aussi s'expliquer par la volonté de ne pas engager le fer, pour se « trahir » le moins possible : cette cause tactique sera abordée un peu plus loin.

3) *L'observation active : a priori,* un témoin novice risque de ne pas saisir la différence entre un tireur défensif, attentiste, et un autre qui étudie son adversaire, qui cherche à sonder ses intentions. Les attitudes respectives de ces deux combattants se traduisent par des gestes peu nombreux. Seulement, dans un cas, l'un demeure passif : son souci prédominant consiste à attendre la faute pour l'exploiter sur-le-champ ; par contre, dans l'autre cas, cette attente est active, car elle s'accompagne de gestes, parfois presque imperceptibles du bord de la piste, destinés à voir les réactions qu'ils engendrent.

Mais la nuance capitale qui distingue ces deux attitudes est d'ordre psychologique : l'attentiste ne fait que « voir » son opposant, les gestes qu'il réalise ; il se concentre sur les faits objectifs. En réalité, comme il attend le déclenchement d'une action, il ne se soucie pas de lui donner une explication particulière, ni de la replacer dans un contexte plus général, qui lui permettrait de comprendre l'évolution éventuelle des intentions de son adversaire. Ses sensations visuelles ne sont pas — pour ainsi dire — « stockées » dans la mémoire : elles sont immédiatement oubliées, car elles ne constituent pas le centre d'intérêt principal. Cette attitude caractérise surtout l'escrimeur débutant, ou qui n'a pas atteint un niveau élevé de pratique, surtout s'il est jeune.

Au contraire, par ce que nous appellons une observation active, le tireur épie ces gestes, essaie de les analyser, de les comparer, pour voir s'ils manifestent une unité de pensée, ou si les intentions se modifient. Nous nous situons ici à un niveau supérieur de pratique, pas tant technique, nous le réaffirmons, que mental. (Nous sommes convaincus qu'après quelques séances qui ont permis de résoudre les plus gros problèmes de maîtrise du corps et de l'arme, un débutant adulte peut atteindre ce niveau, ou l'approcher, car il a davantage conscience de l'opposant que le jeune pratiquant.)

Nous n'insisterons pas plus sur la valeur de l'observation, que nous avons déjà évoquée. Peut-être sommes-nous resté trop vague en ce qui concerne les bons spécialistes, dont les gestes ne traduisent plus forcément des velléités, mais peuvent avoir pour but d'induire en erreur : masquer un état de fatigue, tromper sur les intentions techniques, simuler un état d'âme (déception, résignation) pour provoquer des fautes.

Nous avons vu en maintes occasions des tireurs extrêmement fatigués, terminer leur match en dissimulant leurs difficultés, alors que la réaction habituelle consiste à user de prétextes pour récupérer (entre les échanges, enlever le masque pour mieux respirer, demander une serviette pour éponger la sueur, ou encore trouver des astuces pour interrompre l'assaut pendant quelques précieuses secondes, signes qui vont inciter l'adversaire à rendre le combat encore plus dur).

4) *La conduite optimum* : à côté des trois attitudes que nous venons de décrire brièvement, cette dernière nous pose un problème de dénomination. C'est assurément la plus intelligente des quatre : elle donne la plus grande place à la prise de conscience des données d'une situation, et à la recherche des solutions. Elle ne va cependant pas toujours de pair avec la réussite, le tireur ne possédant peut-être pas encore la bonne maîtrise de son corps ou de son arme. Ce qui nous paraît vraiment digne d'intérêt dans cette démarche c'est cette volonté de comprendre l'autre, tant sur le plan affectif et tactique que sur celui de la technique. Nous retrouvons là un processus très habituel dans la vie quotidienne, qui ne trahit pas la comparaison déjà employée entre l'assaut et un véritable dialogue. Cette conduite optimum comporte à notre avis trois phases principales : la recherche d'informations, — par l'observation —, leur « traitement » — par la réflexion —, et la réponse concrète — par l'action. Nous nous répéterions en consacrant un nouveau paragraphe à l'observation et à la réflexion ; de leur valeur, de leur justesse, va dépendre l'adaptation de la réponse motrice, choix plus ou moins automatique des savoir-faire. Nous sommes ici dans le domaine de l'anticipation, qui, pour nous, déterminera la différence, dans une grande mesure, entre deux combattants de valeur sensiblement égale. En somme, à partir d'indices qui doivent être relevés et interprétés dans un laps de temps très court, il s'agit de deviner avec le minimum de risque d'erreur les intentions de l'autre, et même, « fin du fin », l'action technique qu'il va réaliser. Par exemple, si je « sens » qu'il prépare une attaque, je vais tâcher de le devancer en l'attaquant moi-même. Il s'agit d' « appréhender » l'adversaire à un point tel qu'on « sait » qu'il va attaquer dessous, ou en « quarte ». Cette anticipation de l'action, plus difficilement saisissable, « cet état de grâce » ne se vit pas à tous les assauts, et, au cours d'un assaut, ne se prolonge pas sur toute sa durée : il est très fugitif, ce qui rend son

étude particulièrement délicate. Mais des discussions avec des athlètes de haut niveau ont corroboré notre expérience personnelle.

Complétée par la réflexion, cette observation va donc déboucher sur l'action, seule phase visible du comportement... Cette réponse motrice peut revêtir deux formes : volontaire ou automatique. Elle sera d'autant plus efficace que le moment de son déclenchement et sa vitesse d'exécution auront été les meilleurs. Elle sera par contre vouée à l'échec si elle commence avec quelques centièmes de seconde de retard ou d'avance, ou si elle s'exécute trop lentement ou trop rapidement, ou encore si elle présente un manque de coordination entre l'activité des différents groupes musculaires.

A ce niveau de pratique, la réussite, qui se concrétise par la touche, va reposer sur deux fondements : le nombre des gestes techniques qui peuvent être exécutés, et la qualité de leur acquisition (malléabilité). En somme, c'est tout le problème de l'entraînement qui est posé : nous y reviendrons dans un prochain chapitre.

Abordons d'abord l'aspect quantitatif : le tireur qui ne sait bien faire que trois ou quatre attaques ou autant de mouvements défensifs et contre-offensifs possède des possibilités techniques et tactiques limitées ; ce « bagage » lui conviendra peut-être sur quelques adversaires, mais se révèlera insuffisant sur d'autres. Comme en boxe, judo ou lutte, le pratiquant a presque toujours un ou deux « coups » qu'il sait particulièrement bien exécuter ; toutefois s'ils s'avèrent inefficaces, ils doivent pouvoir être remplacés. Seule, une grande malléabilité permet à l'escrimeur d'adapter l'exécution des gestes aux caractéristiques propres de l'opposant : elle se traduit dans le choix de la réponse, aussi bien que dans son déroulement proprement dit (les mouvements les plus rapides et les plus serrés ne se révèlent pas toujours les plus efficaces).

Ces considérations nous aident à mieux comprendre quelques-unes des qualités développées par la pratique de l'escrime : faculté d'observer le comportement d'autrui comme le sien propre, rapidité et sûreté du jugement, vitesse de réaction, initiative, opiniâtreté et persévérance, réflexion, intelligence. Cependant, toutes ces qualités ne pourront s'épanouir pleinement que si le sujet parvient à se maîtriser. A quoi cela sert-il d'avoir un jugement sûr, ou de posséder un bagage technique très varié si l'on perd le contrôle de soi à la première occasion ? (mauvaise décision de l'arbitre, manque de réussite, tactique gênante employée par l'adversaire...) Ce « self-control » se manifeste surtout dans les moments difficiles ; il se concrétise par les efforts déployés pour se battre : contre soi-même d'abord (vaincre la première tendance à baisser les bras, à laisser aller), contre le vis-à-vis ensuite (en essayant de « casser » son rythme, de le gêner au maximum).

A la lecture de ce paragraphe, certains se demanderont si cette manière d'étudier l'assaut n'est pas trop « intellectuelle » ni abstraite. Notre principal souci est de réaliser une approche du combat la plus profonde et exacte que possible, même si, la plupart du temps, beaucoup des attitudes que nous avons décrites restent inconscientes ou difficilement exprimables par le tireur. Cependant, dans un véritable match, tous les gestes ne peuvent pas être volontaires ; un certain pourcentage de touches résultera toujours d'automatismes. Mais nous sommes intimement convaincu que l'opposition se situe d'ABORD au niveau affectif, au niveau des personnalités, et, ensuite seulement, au niveau de la technique, moyen de dialogue, d'échange — contrairement à la démarche suivie généralement, qui ne porte l'accent que sur l'aspect technique, négligeant complètement l'aspect relationnel.

Une nouvelle fois, l'escrime s'avère vraiment un sport très « humain » !

CHAPITRE III

LES BASES SOCIOLOGIQUES

Comme les autres sports de combat, l'escrime ne peut être considéré comme un sport individuel, car sa pratique nécessite la présence d'un autre. Nous nous proposons maintenant d'étudier les relations inter-individuelles qui se créent selon le cadre — club ou compétition — entre le spécialiste et le maître d'armes, ses compagnons, et les autres personnes.

Pour éviter d'alourdir ce chapitre par des considérations trop détaillées, nous indiquerons les différents lieux d'entraînement, qui multiplient d'autant la nature de ces relations : au sein d'une section omni-sports, maison de jeunes, club privé, ou encore section spécialisée (scolaire, corporative, militaire, etc.).

1) *Les relations « hors compétition ».*

Nous n'avons pas trouvé d'autre expression pour évoquer cet aspect loisir, voire entraînement sportif, où l'atmosphère est foncièrement différente de celle qui caractérise la compétition. La première chose qui frappe l'observateur en pénétrant dans un club est généralement la grande variété d'âge des pratiquants. De 7 ans jusqu'à... la cinquantaine, parfois plus !, l'éventail est étendu ; et, comme les relations dépendent uniquement de ceux qui les réalisent, chaque section a son « esprit » particulier. Ceci est valable pour les salles qui fonctionnent depuis plusieurs années. Le maître d'armes est certainement celui qui se trouve à la base de cette atmosphère de club. Par sa personnalité, son dynamisme, « le style » des relations qu'il va établir avec chacun de ses élèves, la salle sera vivante, animée, ou alors chacun se comportera uniquement en « consommateur », venant y chercher ce dont il a besoin. Ce maître se contente-t-il de donner à chacun « sa » leçon, pendant que les autres élèves s'occupent, ou bien essaie-t-il de personnaliser son enseignement à travers le groupe ? Sait-il maîtriser, animer, laisser s'exprimer la vitalité de ses sportifs, ou bien se considère-t-il comme le centre de gravité du groupe ? S'attribue-t-il le rôle de « Commandant de bord », ou bien se met-il au service du groupe — ce qui n'empêche pas l'autorité ! — ?

Les élèves les plus assidus aux séances jouent également un rôle important, qui dépend de l'organisation générale du club et des séances de travail. Par exemple, si les enfants sont répartis en groupes de niveau assez homogène, venant à des heures bien déterminées, les relations risquent de rester moins variées que si les pratiquants peuvent venir à l'heure qui leur convient, auquel cas chacun peut choisir un partenaire à sa guise.

Cet esprit de club va également se concrétiser de deux manières : sur la piste, pendant les combats (les tireurs restent-ils courtois, ou bien chaque touche est-elle disputée âprement ? Y a-t-il souvent des contestations, des « accrochages » ? Se règlent-ils amicalement ou amèrement ?...), et en dehors, dans des circonstances très variables (par exemple, aide apportée par les anciens aux plus jeunes, conseils donnés spontanément, ...).

L'étude approfondie de ces rapports inter-individuels, de même que leur évolution, serait passionnante : quels sont les petits groupes qui se forment le plus souvent ? Pourquoi ? Comment expliquer cette ardeur à se battre après une journée de travail parfois pénible ? Que vient chercher chacun à cette heure d'activité sportive : une simple dépense physique ? une ambiance amicale ? l'occasion de se battre ?, etc. Il n'est pas facile de connaître les motivations précises ; d'ailleurs, le pratiquant les connaît-il lui-même ?

A ces éléments humains, il conviendrait d'ajouter d'autres facteurs, qui interviennent d'une façon moins nette : les conditions matérielles (dimensions, disposition de la salle, son éclairage), ainsi que sa situation géographique, les jours et heures d'ouverture, ... qui, à un certain degré, ont une incidence sur l'état d'esprit de chacun.

Cet esprit de club ne demeure pas exempt de dangers, s'il est poussé à certains excès, particulièrement visibles lors de rencontres avec d'autres tireurs. Dans ces cas, il arrive que les encouragements deviennent très partiaux, voire même fanatiques. On rencontre, plus rarement, des tireurs qui critiquent ouvertement les décisions de l'arbitre ; ou des juges qui favorisent par leurs décisions un des deux antagonistes. Dans les épreuves de jeunes, combien de fois ne voit-on pas des parents invectiver les membres du jury si leur enfant a perdu, alors que le plus souvent ils ne connaissent rien à la manière d'arbitrer un assaut !

Le maître d'armes doit non seulement être conscient de ces problèmes, mais encore il doit leur apporter toute sa vigilance, par une action éducative menée dès le début. Une nouvelle fois, nous touchons ici à une lourde responsabilité endossée par l'éducateur, en connaissance de cause : son attitude personnelle devant les petits (ou grands !) faits que comporte toute séance est vue, et jugée par les élèves, et son retentissement n'est pas moindre que l'enseignement technique proprement dit. Pour être spécialiste, on n'en reste pas moins homme !

A ces facteurs humains et matériels, nous ajouterons ce que nous nommerons les « petits événements ». Ils consistent en des circonstances différentes, un peu exceptionnelles, dues à des motifs divers :

— familiaux : un tireur fête son mariage, un couple une naissance ;

— sportifs : on « arrose » une excellente performance, ou on termine la saison par une réunion enjouée avec les membres du club et leurs familles ;

— ou encore d'autres : tels un repas en commun, une sortie pique-nique, un rallye automobile, une compétition-détente, etc.

Le principal aspect positif de ces circonstances consiste à donner des possibilités de contact plus profond entre les pratiquants, car on se perçoit sous des angles inhabituels : des sentiments, des impressions peuvent se renforcer, des barrières peuvent tomber ; on apprend à mieux se connaître.

2) Les relations pendant la compétition.

Chacun connaît le fondement de la compétition : la lutte pour gagner. Nous ne nous attarderons pas sur ses caractéristiques majeures : le lieu (un endroit moins familier que la salle d'entraînement), l'ambiance (des adversaires moins connus, un jury souverain), l'enjeu, qui peuvent difficilement être reproduits en salle, et qui influencent d'une manière plus ou moins sensible le comportement des participants. Comment ?

— L'enjeu, tout d'abord, et plus précisément l'importance

que le sujet attribue à l'épreuve. Choisissons un exemple limite : un débutant accordera probablement plus de valeur à sa première compétition que le tireur international chevronné qui va disputer son dixième championnat du monde ;

— l'habitude des rencontres : le fait de se trouver dans des circonstances inhabituelles a beaucoup plus de chances de gêner l'escrimeur, d'autant plus qu'il est jeune. Il s'accompagne d'un certain « trac », crainte de mal faire, de décevoir (ses parents, son maître), d'être moins brillant que les camarades, ... En fait on n'est pas véritablement soi-même.

Cette expérience finit, à la longue, par atténuer ces différences de comportement.

Les assauts « d'échauffement » ont un rôle essentiel de préparation de tout l'être aux combats officiels qui vont suivre. Ils permettent de se mettre dans les meilleures conditions, mais ils peuvent aussi laisser persister l'appréhension du tireur « tendu ».

Parmi les autres facteurs qui vont avoir un retentissement sur le psychisme, citons entre autres :

— la formule de la compétition : par poules éliminatoires, ou par élimination directe. Dans ce dernier cas, la défaite est définitive : elle signifie l'arrêt, l'impossibilité de poursuivre l'épreuve. En poule, elle n'entraîne pas de telles conséquences : sauf si les assauts précédents se sont soldés également par une défaite... Elle peut n'être qu'un « incident de parcours », un mauvais match, ou le résultat logique contre un adversaire plus fort ; de plus, les combats — cinq ou six le plus souvent — sont séparés par plusieurs minutes de repos, qui peuvent être employées à observer les futurs adversaires, à réfléchir sur le déroulement du combat précédent, à préparer le suivant... ;

— le genre de l'épreuve : individuelle, ou par équipes. Ce détail laisse les individus assez souvent indifférents. Certains pourtant obtiennent de meilleurs résultats dans les compétitions individuelles, ou vice-versa. Cet aspect mériterait un développement plus long ;

— la durée des matches : certains escrimeurs préfèrent des assauts courts (5 touches), d'autres des assauts en 10 touches : selon leur tempérament, leur rapidité à se mettre en action, leur faculté d'adaptation plus ou moins vive, leur degré d'endurance générale, la plasticité de leur savoir-faire technique, pour ne citer que quelques exemples ;

— le score : il vaut mieux mener qu'être mené. Une avance permet soit de prendre quelques risques pour s'imposer plus rapidement, soit de laisser l'adversaire prendre la direction des opérations, dans l'attente de le voir commettre une faute. Par contre, le tireur qui se trouve mené est nécessairement moins hardi et entreprenant : il doit « assurer » chaque tentative ;

— la place qu'occupe l'assaut :

a) dans le temps : le matin, les forces sont encore neuves ; mais l'après-midi, les assauts déjà disputés peuvent avoir laissé des traces. Tel participant qui, au début, faisait forte impression, n'est plus que l'ombre de lui-même quelques heures après, n'ayant pu effacer les efforts fournis (nous pensons que la fatigue, — ou la lassitude dont on parle souvent s'avère aussi bien d'ordre physique que psychique) ;

b) dans la succession des assauts : en début de poule, la défaite n'est pas catastrophique ; en fin de poule, elle prend une tout autre valeur quand elle se produit face à l'adversaire qu'il fallait vaincre à tout prix pour être qualifié pour le tour suivant.

Autre exemple : en élimination directe, la situation se

révèle tout à fait différente selon que l'on a tout juste eu le temps de « récupérer » avant d'être à nouveau appelé à combattre, ou, au contraire, que, bien reposé, on affronte un tireur qui vient de terminer un match serré :

— le président du jury, ou l'arbitre : ses décisions sont particulièrement importantes au fleuret et au sabre, armes conventionnelles, où l'analyse de la phase d'arme reste parfois subjective. L'arbitre apparaît plus ou moins autoritaire, influençable, ou clairvoyant ; l'un arrête les échanges plus tôt qu'un autre, ou se montre plus attentif à tous les petits détails de l'assaut (l'utilisation de la main non armée, les gestes brutaux...).

Un tireur rompu aux compétitions sent très rapidement tous ces détails, à quel type d'arbitre et d'homme il a affaire ; et, s'il en a la possibilité, il exploitera chaque situation.

Ces quelques considérations, que nous venons d'aborder sommairement, ont sur le comportement des conséquences variables selon le caractère du tireur. Elles font partie intégrante des relations inter-individuelles pendant la compétition, sur lesquelles nous devons maintenant nous pencher, en particulier sur celles qui s'établissent entre les tireurs.

A l'extrême, un concurrent préfère s'isoler complètement pendant une poule, n'adresser un sourire à personne, et occuper son temps libre à observer ses futurs adversaires, ou à lire, ou à remettre en état son matériel défectueux, fumer, ... Sans aller jusque-là — nous ne pourrions pas nommer beaucoup d'athlètes se comportant ainsi tout au long d'une épreuve —, il faut bien reconnaître que les occasions de contact entre les participants sont nombreuses : l'habillage dans les vestiaires, les assauts d'échauffement, les déplacements fréquents (se rendre sur la piste où on est appelé, aller encourager un équipier, faire réparer du matériel, aller discuter avec un ami qu'on n'a pas vu depuis longtemps, etc.), les interruptions (composition des poules, repas sur place, etc.). Ces occasions peuvent permettre une meilleure connaissance et modifier un jugement parfois hâtif, des impressions erronnées, puisqu'elles se caractérisent par une absence de « charge affective ».

Par contre, sur la piste, cette dernière peut avoir une grande intensité ; elle peut même aller jusqu'au heurt violent, recherché parfois, à l'occasion d'une phase de combat rapproché, où l'agressivité peut s'exprimer sans l'intermédiaire de l'arme. Bien sûr, elle n'atteint pas souvent ces proportions : elle peut déjà s'épancher naturellement dans le cours du combat, et après son issue : en cas de défaite notamment, chez un mauvais « perdant », c'est l'arbitre ou les membres du jury, ou encore d'autres personnes, qui seront pris à partie ou rendus responsables du mauvais résultat.

Cependant, le plus souvent, cette tension reste maîtrisée, et s'exprime par des gestes offensifs (l'escrime ne tue plus, mais la touche représente toujours l'aboutissement, la réussite, la manifestation visible d'une supériorité, même passagère), ou par des cris poussés instinctivement au moment de porter la touche.

Au risque de paraître incomplet, nous n'approfondirons pas cette analyse, les situations et les relations pouvant être variées à l'infini. Notre objectif essentiel est de montrer cet aspect méconnu de l'escrime, et pourtant le plus riche : la multiplicité des contacts humains qu'elle engendre sur la piste, et en dehors. Ces contacts permettent de se « frotter » à des personnalités très diverses (« le commerce des hommes »), et par conséquent de faire l'effort de s'adapter à autrui, de le connaître tel qu'il est à un moment bien précis de son histoire. Cette attitude allocentrique n'est pas spécifique à l'escrime : elle se retrouve dans tous les domaines de la vie sociale. Chacun avec son caractère, son langage, sa manière de s'exprimer, son état du moment, essaie de faire comprendre ses vues par son interlocuteur, et, pourquoi pas ?, de les lui faire adopter. Une argumentation solide, et passionnée, ou une relative passivité, un raisonnement pas toujours explicite, ou des réponses du bout des lèvres, un bavardage persuasif qui empêche toute intervention, un monologue où chacun ne cherche qu'à montrer qu'il a raison, ou encore un véritable dialogue caractérisé par un effort réel et mutuel pour comprendre les opinions de l'interlocuteur, ou des interventions peu nombreuses mais percutantes, toutes ces attitudes se retrouvent en escrime, à la seule différence que la lame est remplacée par la langue ; cette dernière n'est-elle pas une arme d'une efficacité autrement redoutable ?

TROISIÈME PARTIE

UN ESSAI D'ÉDUCATION PAR L'ESCRIME

Notre expérience d'une vingtaine d'années de compétition, jointe à d'innombrables contacts très variés, et à notre formation d'enseignant, nous ont amené à étudier le problème essentiel de l'enseignement de l'escrime. Derrière tous les éléments auxquels nous nous trouvions confronté, un facteur revenait souvent en toile de fond : par son anachronisme, il nous paraissait être un obstacle majeur à l'essor d'un sport toujours aussi populaire auprès des jeunes. L'apprentissage reposait presque uniquement sur la « leçon », dont le fondement peut se résumer à ces deux caractéristiques : imitation et automatisation.

Il fallait donc proposer aux débutants, et à leurs aînés, un modèle différent de celui, conçu il y a plusieurs années à l'usage d'adultes. Partant de ce qu'en attendait la grande majorité des pratiquants, nous avons donc suivi les lignes directrices suivantes :

— l'escrime est d'abord un jeu, une situation unique, privilégiée, où chacun aime s'exprimer librement ;

— l'élève ne peut vraiment progresser que lorsqu'il a compris, pour l'avoir vécue corporellement, une situation, une difficulté, une réussite ;

— la technique n'est pas un ensemble de gestes immuables, elle doit être progressivement découverte par le pratiquant, le professeur ne faisant qu'aider cette recherche, et l'assimilation ;

— enfin, la relation pédagogique doit être radicalement transformée : non plus un « Maître » distributeur unique des connaissances, mais un adulte qui facilite l'épanouissement total de chacun par le biais de connaissances techniques.

Depuis longtemps, nous avons eu l'occasion d'enseigner à des groupes très divers, et de confronter nos observations avec nombre de collègues. De plus, notre situation à l'École d'Escrime de l'Institut National des Sports, à Paris, nous a permis de suivre pendant ces trois dernières années un grand nombre de séances avec des enfants, dans le cadre de la formation pédagogique de nos futurs maîtres d'armes. Nos idées se sont alors progressivement précisées : au départ, les principes directeurs s'avéraient trop rigides, car nous ignorions beaucoup quant à leur application pratique ; petit à petit, nous avons pu mettre en évidence les aspects positifs et négatifs de certains types de relation, de certains procédés et attitudes. Et pourtant, que de problèmes restent encore à éclaircir !

Dans ce chapitre, nous nous proposons de faire une synthèse très succincte de ce que nous avons vécu et appris dans le cadre d'une initiation à l'escrime d'enfants appartenant à des classes primaires du Val de Marne, depuis 1969.

CHAPITRE I

ORGANISATION PRATIQUE DE L'EXPÉRIENCE

1. *Le cadre* : les élèves-maîtres d'armes de l'I.N.S. préparent leur diplôme pendant deux ans. Ils sont, soit enseignants d'.EP.S., soit des escrimeurs expérimentés (promotion sociale). Leur formation prévoit l'acquisition de bases solides pour, entre autre autres choses, qu'ils soient capables d'enseigner leur spécialité à un groupe d'enfants, situation qu'ils rencontreront souvent quand ils exerceront leur métier. Pour ce faire, ils ont à leur disposition une quinzaine d'enfants, de niveau CM 1 ou CM 2, dans le cadre administratif du tiers-temps pédagogique. En 1969-1970 et 70-71, les classes sont venues à l'I.N.S., accompagnées de leur maître d'école ; en 71-72, les séances ont eu lieu à l'école même.

Compte tenu de certains impondérables, c'est une moyenne de 20 à 25 heures d'escrime (à raison d'une heure hebdomadaire) qui a été dispensée aux enfants. Selon les classes, les groupes étaient composés de garçons, de filles, ou encore mixtes. Chaque jeune élève avait le plus souvent un équipement complet : arme — fleuret ou sabre —, masque et veste. Le stagiaire disposait de toute liberté pour organiser sa leçon, l'animer, prendre toute initiative, ce qui explique la grande variété des séances, dans leur forme et dans leur contenu.

2. *Les buts poursuivis* : nous l'avons dit plus haut, favoriser la formation pédagogique des futurs maîtres d'armes, en leur donnant l'habitude d'animer un groupe par l'intermédiaire d'un enseignement technique.

Parallèlement, nous avons essayé de poursuivre d'autres objectifs :

— influence du jeune âge des participants sur leurs intérêts, ce qui déterminait l'importance accordée à l'escrime-jeu ;

— tentative pour jeter les bases d'une relation pédagogique axée, non plus sur l'autorité et l'imitation, mais sur les capacités de réflexion et d'invention individuelle et collective.

3. *Moyens de contrôle* : l'escrime n'est pas un sport aux résultats métrés ou évalués dans le temps. Il y a bien la touche, mais ce critère nous apparaît insuffisant pour être significatif d'un niveau, en particulier chez le débutant. Comme nous désirions trouver un moyen de mettre en évidence l'intérêt, ou le désintérêt, manifesté par les enfants à leurs leçons (car aucun n'a eu la possibilité de refuser de suivre ces cours), nous avons employé les rédactions et les dessins réalisés en classe, nous avons fait un essai de comparaison entre quatre groupes, et proposé des questionnaires aux enfants et à leurs parents.

A côté de ces moyens objectifs, on aurait pu en ajouter un autre plus direct, mais de maniement plus long et plus délicat : l'entretien. Individuel ou en groupe, il permet de mieux connaître les véritables intérêts, et il aide d'autant l'éducateur à adapter son action. Il peut être complété avec bonheur par des éléments d'information fournis par le maître d'école, ou les parents, les camarades de classe... qui précisent certains points, expliquant peut-être des attitudes, des paroles (ambiance et milieu familial, lieu d'habitation, éventuels problèmes de santé, réussites ou échecs dans d'autres domaines, etc., à l'origine de certains problèmes psychologiques).

A titre d'exemple, les 20 février et 30 mai 1970, nous avons écrit à tous les parents :

a) le 20 février, « votre enfant vous paraît-il très favorable, favorable, indifférent ou opposé à ses séances d'escrime ? » Nous avons respectivement obtenu les pourcentages suivants, qui portent sur 113 réponses : 71,4 %, 14,2 %, 9,8 et 4,5 ; soit 85 % des enfants qui, d'après leurs parents, sont contents de pratiquer ce sport. Ces chiffres nous paraissent d'autant plus significatifs que, nous le rappelons, aucun n'a eu la possibilité de refuser !

b) le 30 mai, la lettre comportait 10 questions. Nous n'en retiendrons ici que quelques-unes parmi 170 réponses :

— 155 enfants ont été satisfaits ou très satisfaits de leur initiation à l'escrime (91 %) ;

— 75 aimeraient continuer à en faire l'année suivante ;

— 129 parents ont approuvé cette initiative ;

— enfin, en ce qui concerne les goûts pour les activités proposées pendant les séances, 60 % ont préféré l'assaut, 8 % « tout », 6 % l'arbitrage, 8 % ont donné des termes techniques ; les autres n'ont pas répondu.

De la même manière, en février 1971, nous posions à 210 familles une série de 7 questions :

20 % reconnaissent que leur garçon ou leur fille avait manifesté le désir de faire de l'escrime avant d'en avoir la possibilité à l'école ; après environ 4 mois de pratique 122 enfants — 67 % — sont très satisfaits de leurs séances, 55 — 28 % —, sont satisfaits, 8 — 4 % — le sont peu, et un enfant écrit : « c'est variable ».

104 élèves ont déjà manifesté le désir de continuer l'escrime à la fin de cette première année d'initiation. D'autre part, 123 parents (81 %) seraient favorables à une deuxième année si leur enfant le leur demandait.

Pascal L., Vincennes C M 1

Nicole G., Champigny, C M 2

Brigitte L., C M 2, Vincennes

Michel T., C M 2, Champigny

Rrançois C., Vincennes

Philippe S., C M 2, Champigny

Pascal M., Vincennes, C M 1

Carole L., C M 2, Champigny

pendant quelques mois encore, à moins qu'une
aussi intéressante initiative ne soit tentée au CES.

Quant à l'intérêt que Sylvie porte à
ce sport, il est très vif, ainsi j'en juge, par
le nombre impressionnant de "positions" prise
par ma fille devant la glace, et par les
essais de leçons qu'elle fournit à son petit
frère, essais qui se terminent par un duel,
à leur façon s'entend.

Si nous sommes satisfaits que notre fille
fasse de l'escrime, je pense que ce sport
est à la base d'un changement psychologique
que nous observons depuis quelque
temps : la diminution de son manque de confiance en elle, de son complexe d'infériorité.

Sylvie G., C M 1, Vincennes

au courant de l'évolution de
l'intérêt pour les séances
d'Escrime. Et bien je puis vous
dire que cela plaît énormément
à mon fils Michel. Il en parle
beaucoup à la maison nous
expliquant les positions qu'il
prend, les conseils que vous
donner. Il a enseigné déjà
quelques règles à des petits camarad..
et ça fait de bonnes séances, à la s
maison -
Vous demandez si nous sommes
satisfait de ce sport. Au début je
vous le dis franchement je trouvai
ça ridicule mais je m'aperçois

Michel F., C M 2, Champigny

En réponse à votre lettre
je dois vous avouer que ce
sport me paraissait surprenant,
je n'avais cependant pas d'aversion
particulière pour la pratique de
l'escrime.

Nicole qui n'est pas une
grande sportive voit avec joie arriver
le mercredi après-midi et se rend avec
beaucoup de plaisir à sa leçon
d'escrime. Elle se montre très enthousiaste et nous fait à son retour
de démonstration accompagnée de termes
adéquats.

Pour ma part je suis heureuse
qu'elle participe avec joie à ce sport

Nicole G., C M 2, Vincennes

Nous évoquerons enfin une initiative très intéressante de contact direct avec les parents. Il s'agit d'une soirée au cours de laquelle un match inter-classes constitue un excellent prétexte pour permettre de voir en action le « d'Artagnan en herbe ». Organisées en fin d'année, ces rencontres ont de plus l'avantage de clore cette initiation par un événement qui marquera les enfants : par l'ambiance, par la médaille que vainqueurs et vaincus reçoivent, par le fait de se « produire » devant les parents, les frères et sœurs, les maîtres et maîtresses, et même le directeur d'école !

Ces soirées sont enrichissantes, par les contacts qu'elles permettent d'établir. Tous les parents applaudissent à cette initiative, que la classe de leur enfant ait pu faire de l'escrime, gratuitement, pendant une année, mais ils s'étonnent, parfois énergiquement, que cette expérience ne soit pas prolongée. En somme, regrettent-ils, « vous leur mettez l'eau à la bouche, ils se passionnent pour ce sport, et, quand ils commencent à être débrouillés, çà s'arrête là ! ».

C'est d'ailleurs cette amertume qui a réuni quelques parents vincennois pour créer une section, animée par un moniteur qui avait fait travailler « les anciens ».

CHAPITRE II

LES RÉSULTATS

Nous ne reproduirons pas ici tous les enseignements que nous avons recueillis : nous résumerons les plus significatifs.

1. *Dessins* : l'approche que nous avons réalisée par ce procédé est demeurée très superficielle ; nous la mentionnerons davantage pour en indiquer la richesse potentielle que pour faire part de conclusions précises.

Le thème proposé peut laisser aux enfants une liberté plus ou moins grande, selon que l'on veut leur faire exprimer leurs sentiments sur une situation très ponctuelle (« dessinez un combat d'escrime ») ou plus générale (« racontez votre après-midi de sport »). Découlant de ce thème, plusieurs éléments entrent ensuite en considération :

a) le *thème choisi par son auteur* : c'est le plus significatif. Par exemple, nous avions demandé à une classe de 33 enfants CM 1, avant leur première séance, de faire un dessin sur « l'escrime », sujet par conséquent très libre. Nous avons relevé 30 scènes d'assaut — dont 10 avec les installations de contrôle électrique, signe d'une connaissance déjà précise — et une où les tireurs se saluent, probablement avant de se battre. Comment mieux mettre en évidence ce goût du jeu, du « duel » !

b) le *genre*, à savoir dessin unique, ou bande composée de 2, ... 3 ou X tableaux ;

c) le *temps laissé pour l'exécution*, qui doit se situer entre 30 minutes et une heure pour que l'enfant de cet âge-là ait le loisir de composer et de terminer un tableau à son goût ;

d) les *conditions matérielles*, crayons, pinceaux, format du papier, couleurs : libres ou imposés ;

e) le *moment de l'exécution*, juste après la séance (pour recueillir des impressions « à chaud »), ou quelques jours après. Également, le moment dans l'année : le sujet des dessins variera en fin d'année par rapport à ce qu'il était au début de l'apprentissage, certaines motivations s'étant estompées, d'autres étant plus en relief.

Après avoir précisé ce cadre, l'interprétation peut porter sur :

— la forme des objets et des personnages, leur disposition sur la feuille, leur nombre ;

— la nature des couleurs qui ont été choisies, ainsi que les surfaces occupées par chacune, leurs contrastes ;

— « la vie » qui se dégage du dessin : par les couleurs, mais aussi par les inscriptions, les paroles, les onomatopées, voire les phrases entières qui y figurent le cas échéant. Le 14 janvier 1971, 31 élèves d'une classe de CM 2 ont fait une bande de 4 images, se rapportant à la séance qu'ils venaient juste de vivre. Nous avons dénombré 540 « bulles », dont nous avons éliminé 109 bulles illisibles, ou onomatopées. Sur les 431 restantes, nous en avons trouvé (en pourcentages) : 27 % ayant trait à l'assaut, 20 % à l'arbitrage, 14 % aux paroles du professeur, 6 % au magnétoscope (dont cette

Thème : « une séance d'escrime »

Thème : « Votre après-midi à l'I. N. S. »

classe venait de se servir pour la première fois), 5 % à l'intérêt positif ou négatif ; ce qui représente deux bulles sur trois ayant pour objet l'escrime proprement dite (le restant étant constitué pour 20 % de plaisanteries, 5 % de souvenirs de télévision, 3 % de cris de douleur ou de joie).

« Un combat d'escrime » ; Eric P., 10 ans et demi, Vincennes

2. *Textes* : comme pour le dessin, le sujet proposé peut être plus ou moins « ouvert ». La lecture de ces lignes est toujours instructive : on y recueille des informations précieuses sur le caractère de chacun, ses impressions profondes, ce qu'il a aimé ou moins dans la séance, comment il se situe dans le groupe.

3. *Questionnaires* : ils constituent un moyen très appréciable pour connaître l'intérêt ressenti pour la pratique d'une activité sportive. On ne doit pas, toutefois, y avoir recours trop souvent. Plusieurs formes de questionnaires peuvent être utilisées. Nous en avons choisi trois.

a) *Trois questions posées* : une demande de classement, une question portant sur un choix, une troisième « ouverte ».

Exemple : questionnaire du 14-12-1970 :

— « classez par ordre de préférence décroissante ces activités : échauffement, arbitrage, exercices travaillés seul, exercices travaillés avec le professeur, assaut ;

— êtes-vous, très, moyennement, ou peu satisfait de vos premières séances d'escrime ?

— voyez-vous des améliorations à apporter à vos séances ? Si oui, lesquelles ? »

Sur les 49 présents, nous avons obtenu les réponses suivantes : à la première question, l'assaut est venu très nettement en tête, précédant les exercices avec le maître.

A la deuxième question, 66 % ont répondu : très, 31 % moyennement ; une fille a écrit qu'elle n'aimait pas du tout.

Enfin, les suggestions ont été les suivantes : faire davantage d'assauts, être moins nombreux par groupe, arbitrer plus souvent.

Au hasard des réponses, nous avons constaté que les enfants n'accordaient pas toujours la même valeur, le même sens aux mots que nous : nous avons donc établi une nouvelle forme de questionnaire, plus précis.

b) *Classement d'activités.* Il consiste à proposer au choix des enfants une liste de 10 situations qu'ils vivent fréquemment. Pour le traitement de ces réponses, nous avons attribué un point à l'activité classée première, 2 à la seconde, ... ; nous calculions ensuite la moyenne arithmétique.

Voici l'ordre de présentation en mars et en juin 1970 :

1. arbitrer
2. entrer à l'I.N.S.
3. gagner des combats

4. observer
5. sortir de l'école
6. étudier avec le professeur

7. faire des combats
8. prendre l'autobus

9. étudier avec un camarade
10. entrer dans une salle d'armes.

Le 15 mars, nous avons reçu 164 réponses, et 159 en juin. Voici un tableau récapitulatif des moyennes obtenues par activité (naturellement, moins chacune aura de points, plus elle sera prisée !)

MARS	N	1	2	3	4	5	6	7	8	9	10
Moy. Générale	164	6,10	6,06	4,08	6,02	5,37	4,15	4,13	6,09	6,00	6,30
Moy. Garçons	78	6,30	6,62	4,12	6,00	5,45	4,35	3,96	6,08	6,05	5,96
Moy. Filles	86	5,90	5,50	4,03	6,05	5,29	3,97	4,30	6,10	5,95	6,65
Moy. CM 1	80	6,19	6,30	4,46	5,40	4,32	3,87	4,34	5,70	6,99	6,52
Moy. CM 2	84	6,01	5,83	3,70	6,65	6,42	4,44	3,92	6,49	5,01	6,09
JUIN	N	1	2	3	4	5	6	7	8	9	10
Moy. Générale	159	5,87	5,95	3,05	6,12	6,66	3,87	4,30	7,02	5,36	6,45
May. Garçons	77	5,98	6,21	3,00	6,22	7,23	3,76	3,48	7,15	5,40	6,39
Moy. Filles	80	5,78	5,63	3,09	6,03	6,11	3,95	5,00	6,97	5,30	6,52
Moy. CM 1	79	5,53	5,87	3,30	6,13	6,75	3,85	4,33	7,19	5,15	6,37
Moy. CM 2	80	6,20	6,03	2,88	6,10	6,57	3,88	4,27	6,88	5,57	6,53

Ces deux questionnaires s'expliquent ainsi : nous désirions savoir s'il y aurait évolution dans les choix en trois mois, et connaître « l'image » que les enfants garderaient de l'escrime après leur première année.

Avant de tirer quelques conclusions très succintes de ces deux séries de résultats, nous proposerons au lecteur une troisième forme de questionnaire, que nous avons utilisée le 11 mai, à partir des 10 activités de référence :

c) *Choix par paires.* Nous avons donné à chaque enfant une feuille sur laquelle les activités étaient successivement mises en balance avec les neuf autres, la moins appréciée étant rayée. Cette forme nous a donné davantage de soucis quant au traitement des réponses, nous ne l'avons donc plus adoptée par la suite.

D'autre part, pendant l'année 70-71, nous sommes revenus à la première forme, en la modifiant légèrement : ainsi, le 15 Décembre, après 6 ou 7 séances, nous avons modifié comme suit les rubriques :

1. arbitrer

2. entrer à l'I.N.S.

3. travailler avec un camarade

4. faire des combats

5. prendre l'autobus

6. étudier ensemble des exercices commandés par le professeur

7. gagner des combats

8. observer un assaut

9. ne rien faire, se reposer

10. travailler seul face au professeur.

Nous avons dressé les tableaux suivants :

	N	1	2	3	4	5	6	7	8	9	10
Moy. Générale	216	5,70	4,47	5,02	2,81	7,05	5,50	3,11	6,19	9,45	5,66
Moy. Garçons	96	5,78	4,83	4,73	2,48	7,35	5,49	2,96	6,38	9,42	5,41
Moy. Filles	120	5,63	4,13	5,35	3,20	6,67	5,51	3,23	5,95	9,49	5,90
Moy. CM 1	59	5,20	5,72	5,10	2,37	7,28	5,37	2,73	6,50	9,63	4,88
Moy. CM 2	157	5,92	4,03	4,98	3,09	6,97	5,58	3,25	6,02	9,35	5,86

Enfin, nous avons une dernière fois modifié ce questionnaire. En mai 1971, toujours en nous appuyant sur les résultats précédents, nous avons supprimé deux rubriques (« prendre l'autobus » et « ne rien faire, se reposer ») qui s'étaient confirmées peu choisies par les enfants. Enfin, nous avons précisé le n °8, trop vague dans l'esprit des enfants, d'autant plus que certains professeurs négligeaient souvent cette activité.

Que conclure de l'examen de tous ces tableaux ? Sans entrer dans les détails, nous allons tenter d'en tirer les remarques les plus intéressantes :

— Tout d'abord, la difficulté rencontrée pour rédiger un questionnaire où chaque item a la même signification pour l'auteur que pour l'enfant qui n'a même pas onze ans !

— Le traitement des réponses. Nous nous sommes satisfait de moyennes arithmétiques et de pourcentages, mais l'apport de la statistique atténuerait certaines imprécisions.

Malgré ces imperfections les tests ont permis, pour la première fois à notre connaissance, de saisir objectivement les motivations des enfants de moins de onze ans, habitant la proche banlieue parisienne. Ces données seraient-elles comparables avec une population de provinciaux ?

La répétition de ces questionnaires (deux ou trois par an) nous paraît suffisante pour cerner l'évolution des goûts selon des critères tels que l'âge, le sexe, et le groupe de travail.

Le jeune scolaire ne fait pas de différence entre le combat et l'escrime-sport : se battre, pour lui, avec une arme, est un rêve qui se concrétise. Par conséquent, l'enseignant doit tenir le plus grand compte de cette motivation profonde, en la laissant s'exprimer : dans des assauts, des formes jouées de face à face ; il doit attendre, quitte à la solliciter, la demande d'explication et d'apprentissage de gestes qui aideront à mieux se protéger ou toucher.

Les activités techniques, faisant partie intégrante de la leçon, sont le plus souvent classées dans les premiers choix, exception faite pour la venue à l'I.N.S., qui a pris la troisième place en 70-71, et à laquelle les fillettes sont particulièrement sensibles. Nous sommes par conséquent amenés à croire que nos jeunes pratiquants aiment l'escrime pour elle-même, malgré la diversité des « styles » des enseignants.

« Travailler avec un camarade » a souvent obtenu la 4e place, ce qui nous a un peu surpris, car nous nous attendions à ce que le travail avec le professeur soit plus apprécié.

A la réflexion, cette préférence peut s'expliquer ainsi : le face à face avec le maître, qui demande d'exécuter une action, reste une situation très différente du combat, où la liberté est totale ; ce choix marque-t-il la manifestation d'un critère de niveau, qui prouverait que l'enfant n'a pas encore dépassé le stade primitif du désir de la lutte, ni par conséquent éprouvé le besoin de se perfectionner ou plutôt l'attirance pour une situation sécurisante auprès du maître ? Les écarts séparant les autres activités s'avèrent trop insignifiants pour caractériser des tendances affirmées.

Si maintenant, nous comparons les résultats selon le niveau de classe, nous relevons deux faits :

— « faire des combats » obtient toujours, sauf en juin 70, une meilleure moyenne chez les élèves du CM 1 que chez ceux du CM 2 plus âgés ;

— « travailler avec un camarade » semble plaire davantage aux grands, qui font probablement un travail plus soutenu et sérieux, alors que chez les plus jeunes, cette activité dégénère plus rapidement.

Enfin, une comparaison entre garçons et filles laisse apparaître des préférences plus marquées : pour ceux-là, faire des combats et les gagner paraît primordial, alors que ces dernières sont plus sensibles à l'arbitrage et au travail avec le professeur.

Nous terminerons cette approche en évoquant brièvement les réponses aux questions que nous avons posées à six classes, à la fin de l'année scolaire 70-71.

a) « Préfères-tu que le maître montre des exercices nouveaux, ou bien préfères-tu les découvrir toi-même ? ». L'indécision est grande : 35 garçons et 35 filles penchent pour cette dernière solution, alors que 38 garçons et 29 filles inclinent pour la première. L'étude de ces réponses en fonction du groupe dont chacun était originaire n'a pas amené d'indication supplémentaire quant au rôle joué par l'enseignant, plus ou moins directif.

b) « Y a-t-il dans ton groupe des camarades avec lesquels tu n'aimes pas travailler ou faire assaut ? Si oui, pourquoi ? » Les motifs généralement invoqués ont été les suivants : « il tire mal », « il fait n'importe quoi » (33 %) ; « il n'écoute pas ; il chahute » (cité 23 fois, 28 %) ; « il fait mal, il donne des coups » (cité 15 fois, 21 %) ; « il est trop fort » (cité 8 fois, 11 %) ; enfin, « il est mou » (5 fois).

Les quelques photos sélectionnées dans les pages suivantes se proposent de traduire l'atmosphère propre à quelques moments caractéristiques d'une séance d'escrime.

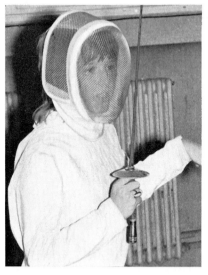

deux aspects
complémentaires :

L'ENTRAIDE,
et
LE RESPECT
de
l'adversaire

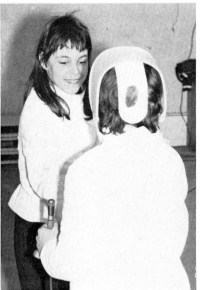

TRAVAILLER AVEC UN CAMARADE...

l'étude

en groupe...

sai

pplication...

... et chacun

s'y met !

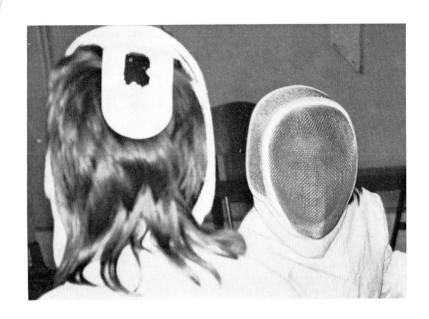

L'ASSAUT, libre expression...

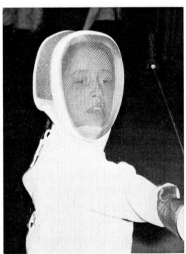

L'ARB

... U

« J'AI

GAGNÉ ! ! ! »

**L'AIDE
DU
PROFESSEUR
EST
INDISPENSABLE**

FAIRE DES JEUX

OBSERVER...

« travailler ensemble des exercices
commandés par le professeur »

« on sait même se servir
du magnétoscope ! »

LE FACE A FACE AVEC LE MAITRE...

ET L'ENTRETIEN
AVEC LE GROUPE...

...PERMETTENT DE MIEUX SE CONNAITRE

4. *Un essai de comparaison*. L'enseignement des disciplines sportives n'a pas toujours suivi l'évolution des sciences humaines, et reste généralement marqué par une attitude dirigiste. Le spécialiste cherche à transmettre son savoir technique pour parvenir le plus rapidement au meilleur rendement, donc au meilleur résultat. L'escrime n'échappe pas à cette constatation. La personnalité de chaque élève-maître d'armes, sa formation technique et pédagogique, qui s'intègrent aux caractéristiques propres du groupe dont il a la charge, laissent entrevoir des différences sensibles dans le contenu des séances. A plus longue échéance, ces différences se traduisent sur deux plans : qualité des rapports affectifs régnant à l'intérieur du groupe, et valeur de l'apprentissage technique.

Pour mieux approfondir ce dernier aspect, nous avons essayé de mettre sur pied une étude comparative qui repose sur les bases suivantes. Quatre groupes d'enfants, appartenant à des classes différentes, sont confiés à quatre moniteurs ; dans deux groupes, les moniteurs insistent sur la technique, au moyen d'une relation directive ; dans les deux autres, ils essaient de vivre une relation plus authentique, en respectant les motivations premières des élèves pour l'assaut, en ne donnant les informations que lorsque celles-ci seront demandées :

Deux groupes A et B, « directifs », sont composés de 13 garçons CM 2, et de 16 filles CM 1. Deux groupes C et D, « libéraux », sont mixtes (8 garçons et 7 filles CM 2, 6 garçons et 9 filles CM 1). Les classes dont nous disposions, et des considérations de personnes, ne nous ont pas permis de constituer des groupes rigoureusement identiques.

Pourquoi cette expérience ? Nous aurions pu n'employer que le seul critère en usage en escrime pour évaluer le niveau d'un pratiquant : l'assaut, qui, par le vainqueur, donne le plus fort. Mais nous ne partageons pas ce point de vue. La victoire n'est pas forcément significative d'un niveau : de nombreux facteurs interviennent, qui ne sont pas le seul fait de l'intelligence ou de l'apprentissage spécifique. Elle ne met pas suffisamment en relief les efforts pour s'adapter, feinter, tromper, dominer ; elle ne concrétise que la phase la plus visible de cette lutte incessante, et aussi la dernière — l'aspect moteur — la touche. Or, un tireur peut dominer la situation sur le plan tactique, et perdre le match, ou vice-versa.

Nous avons donc voulu tenter de voir quel impact pouvait avoir la méthode d'enseignement sur les progrès réalisés par les enfants composant un groupe, et sur la « qualité » de cet apprentissage, notamment sa compréhension et son assimilation. Au test de l'assaut — confrontation directe entre deux groupes ayant suivi une formation différente —, nous avons ajouté deux épreuves : l'une, trop subjective, et perfectible, ne sera pas traitée ici ; l'autre commence à nous rendre certains services, même si l'appareil sur lequel elle repose n'est pas encore tout à fait satisfaisant : elle consiste à mesurer la rapidité d'exécution d'un geste à l'aide d'un chronomètre au $1/100^e$ de seconde.

I. *Le test de rapidité.*

a) Principe : arme à la main, l'élève est placé face à une cible qu'il doit venir toucher, en allongeant son bras aussi rapidement que possible après un signal lumineux apparu au-dessus de la cible. Ce dernier déclenche le chronomètre, qui sera arrêté par l'impact.

b) Description de l'appareil : cet ensemble a été conçu et réalisé par M. Vilon, professeur en retraite à Melun. Il comprend quatre parties principales :

— une caisse en bois, de 0,45 mètre sur 0,60 de haut, sur laquelle sont aménagés quatre petits panneaux de 0,15 sur

0,15 m. de côté, mobiles ; maintenus en place par un ressort. Chacun de ces carrés est surmonté d'un voyant qui s'allume au gré de l'expérimentateur ;

— un pupitre de commande, qui reçoit quatre interrupteurs (un par lampe), et le branchement du chronomètre ;

— un chronomètre au centième de seconde, totalisateur, avec retour à zéro manuel ;

— une batterie de 6-12 volts qui contribue à alimenter l'installation.

c) Déroulement de l'expérience : les pieds immobiles, l'élève exécute cinq « coups droits » (allongement du bras) suivis de cinq autres à une distance plus grande qui nécessite la « fente ». Le temps mis à chaque essai est noté par un secrétaire. Plus tard on calculera la moyenne des essais réussis.

d) Résultats : nous avions primitivement envisagé d'effectuer une série de mesures à chaque fin de trimestre, et une dès la première séance, les enfants n'ayant jamais touché un fleuret. Si cette première série s'est bien déroulée — mis à part le manque de temps qui nous a empêchés de faire exécuter les cinq coups droits avec fente — il n'en a pas été de même pour les fins de trimestre : ces épreuves ont dû être annulées par suite de défaillance de l'appareil (la fragilité de l'installation et la répétition des chocs constituent un problème qui n'a pas encore trouvé de solution). Pour ces raisons, nous sommes dans l'impossibilité d'effectuer une comparaison entre les deux méthodes. Néanmoins, cette épreuve nous aura permis de soupçonner deux faits, qui attendent confirmation :

— l'âge semble jouer un rôle important. Les meilleurs temps ont été réalisés par des CM 2 : 58, 64 et 66 centièmes de seconde pour les trois plus rapides, et 9 temps inférieurs à 72 centièmes ; pour les CM 1, nous trouvons 76, 79 et 80, et 8 temps inférieurs à 84 centièmes ;

— il ne semble pas y avoir de grande différence entre les garçons et les filles : les 42 garçons ont obtenu une moyenne générale de 81,9 centièmes par essai, contre 81,8 pour les 19 filles !

e) Conclusion : malgré toutes les imperfections qu'elle comporte, cette épreuve nous paraît intéressante. Il est probable que l'apprentissage traditionnel améliore la vitesse d'exécution gestuelle, puisqu'il se caractérise par la répétition des actions. Seulement, ce perfectionnement reste assez superficiel et artificiel, puisque le maître ou le partenaire se laisse toujours toucher. Tandis que l'apprentissage moins mécanisé sera probablement mieux assimilé : expérience à approfondir !

II. *L'épreuve d'assauts.*

Deux séries d'assauts ont été effectuées : vers la mi-décembre, et vers la mi-mars.

— a) Mi-décembre : après six séances de travail, nous avons mis en opposition directe les deux groupes traditionnels aux deux autres groupes. Les combats se sont déroulés en 2 touches, à cause du temps restreint dont nous disposions.

Le groupe A (traditionnel, garçons) gagne sur D (mixte) 58 victoires à 42. Deux raisons font perdre beaucoup de valeur à cette rencontre : 15 garçons contre 6, et 9 filles, CM 1 de surcroît ! Plus jeunes, peu habitués à tirer contre des garçons, les fillettes ont eu beaucoup d'appréhension pour ces matches, elles ont eu peur de recevoir des coups.

Le groupe C (7 garçons, 7 filles CM 2) gagne sur B (13 garçons CM 2) par 51 victoires à 40.

— *b)* Mi-mars : les assauts sont cette fois disputés en trois touches ce qui atténue un peu le risque d'erreurs. De plus, les enfants et leur moniteur se connaissent mieux, les progrès techniques sont manifestes. Enfin, aussi souvent que possible, les enfants ont été remplacés, pour juger, par des adultes spécialisés, plus objectifs.

A remporte la rencontre, 68 victoires à 50, ce qui représente le même pourcentage que lors de la première confrontation.

C a encore gagné, 61 victoires à 53, malgré l'énervement provoqué par une matinée consacrée à passer des tests d'orientation.

— *c)* Limites : la plus grande est la composition différente de nos quatre groupes de référence.

L'arbitrage par les enfants a entraîné des erreurs dont il est difficile d'indiquer un ordre d'idées : nous admettons qu'elles se répartissent à peu près également dans les deux sens.

— *d)* Conclusion : cette série d'observations reposant sur la compétition peut paraître inutile, étant donné les limites que nous avons signalées. Citons toutefois les remarques que nous en avons retirées :

— L'arbitrage ne peut être assuré avec les participants eux-mêmes, ni les enfants qui ne tirent pas.

— La mise en opposition directe de garçons et de filles gêne beaucoup ces dernières, qui pensent généralement plus à se protéger qu'à toucher. Il faut à celles-ci une pratique plus longue pour vaincre cette appréhension.

— Dans la mesure du possible, les groupes devront arriver dans des conditions psychologiques sensiblement identiques ; par exemple, éviter qu'une classe ait eu un travail important le matin, l'autre une activité normale.

— Nous avons acquis la conviction que, lors de la deuxième rencontre, il était intéressant de faire tirer les enfants qui s'étaient déjà battus lors de la première : deux victoires sur le même adversaire sont plus significatives que sur deux différents.

— Un point reste encore sans réponse. Les enfants doivent-ils être tenus au courant du score d'équipe, ou non ? Jusqu'à maintenant, nous ne l'avons pas fait, pour éviter la multiplication des « erreurs » d'arbitrage ; mais cette connaissance du score peut avoir une influence sur le comportement de certains enfants, en les inhibant (crainte de mal faire, de faire perdre les équipiers), ou en décuplant leurs forces.

CHAPITRE III

QUELQUES EXEMPLES CONCRETS

1° Deux activités peuvent être riches pour toute la classe :
les échanges entre écoles, et les centres d'intérêt. Nous serons
bref sur ceux-ci, dont le principe est bien connu. Deux insti-
tuteurs nous ont confié qu'ils avaient, en accord avec leurs
élèves, choisi le sport comme centre de recherche. Ils ont
constaté que leurs enfants avaient déployé une intense activité pour trouver de la documentation (il y en eut pour lui
ramener des coupures de journaux du début du siècle !). Ces
maîtres ajoutaient même que le sport avait dépassé de beaucoup le but premier, car il avait été l'occasion d'un travail
plus général, portant sur l'orthographe, la grammaire, la
géographie, l'histoire et même le calcul !
Quant aux échanges entre écoles, nous ignorons s'ils
sont fréquents. Comme ils constituent pour nous une découverte, nous nous permettons d'en présenter quelques aspects,
au risque d'enfoncer des portes ouvertes.
Échanger une correspondance avec une classe de Colmar,
suivant une initiation simultanée à l'escrime, est une idée
d'un instituteur de Charenton. Des impondérables scolaires
ont empêché cette belle réalisation : la découverte de la
région de Colmar pendant trois jours, l'hébergement se fai-

sant chez les parents alsaciens. Créer des liens entre des enfants — et pourquoi pas entre les parents ? — n'ayant pas le même genre de vie ; sortir du cadre habituel : enquêter sur les habitudes, les difficultés de personnes inconnues, leurs joies ; transformer les relations entre le maître et ses élèves, etc., n'est-ce pas un « beau programme » ?

Nous avons encore en mémoire ce merveilleux après-midi du 20 décembre 1972, que nous avons passé à Champigny. Une classe « escrimeuse » y recevait une autre classe de Sens, qui allait commencer à en faire. Chaque sénonais a été reçu par la famille d'un correspondant, à la grande joie de tous. La visite de Paris a occupé presque toute une journée. Une partie du lendemain a été consacrée à l'escrime : les pratiquants ont initié les novices. Mais les efforts ont été rudes : ils ont été compensés par un copieux goûter, préparé par les mamans banlieusardes, au cours duquel on s'est fait des cadeaux ! Deux mois après, sénonais et parisiens en parlaient encore entre eux dans leur correspondance, en attendant impatiemment la nouvelle rencontre prévue à Sens en fin d'année.

2° Mme P. à Champigny. Certains aspects du règlement propres au fleuret ont amené cette maîtresse à faire réfléchir ses élèves sur deux problèmes :

— essayer de trouver le plus grand nombre de réponses possibles, ainsi que la décision qui sera prise, quand un jury arbitre un combat (chacun des cinq membres du jury peut répondre de quatre manières différentes selon ce qu'il a vu, et le président bénéficie d'une demi-voix de plus que les autres) ; ensuite les enfants devaient trouver la meilleure manière de reproduire ces possibilités sur un tableau ;

— à partir des différents repères tracés sur une piste réglementaire, cette institutrice a fait travailler sur les notions de géométrie, de surface.

(D'ailleurs, au cours de l'année 1972-1973, les activités qui ont été basées sur l'escrime ont été beaucoup plus variées et approfondies : elles font l'objet d'un travail en préparation).

3° Mme B., à Champigny. Pour enrichir ce rapport, nous voulons terminer en insistant sur une classe où les relations enfants-institutrice-élèves-maître d'armes ont été particulièrement riches. Cette classe de CM 1 se compose de 9 garçons et 19 filles ; la maîtresse est libérale.

Dès la première séance d'escrime, cette classe s'est passionnée pour cette nouvelle activité, au point que les visites à l'I.N.S. trouvaient très souvent un prolongement en classe, sous forme de dessin ou rédaction ou discussion. Les enfants avaient chaque fois de nouvelles idées, leur créativité n'étant pas freinée par une maîtresse — et des institutions trop rigides.

« J'aime beaucoup ma classe, elle est très enthousiaste... J'essaie de rendre mes gosses heureux, j'essaie d'abattre les barrières entre eux et moi, et je suis persuadée que l'escrime nous aide beaucoup... cette idée de grouper les enfants m'aiderait énormément dans mes projets qui consisteraient à les intégrer davantage à la vie de la classe... »

Ces quelques phrases, extraites d'une correspondance avec Mme B., donnent une idée de ce qu'ont pu être les relations qui se sont développées par l'intermédiaire de l'escrime. Dans les lignes qui vont suivre, nous allons montrer quelques-unes de ces manifestations qui se sont échelonnées sur l'année 71-72.

a) Quelques événements : cette année scolaire a été marquée par des faits un peu plus importants, qui devinrent pour les enfants autant d'occasions de témoigner leur affection à des personnes que de satisfaire leur intérêt pour ce sport.

... la Coupe d'Europe des clubs : cette importante compétition, qui se déroule en mars à Paris, ne pouvait pas ne pas être suivie : ils ont pu cotoyer des « champions » de très près !

... le mariage d'un élève-maître a été le prétexte pour une réunion chaleureuse, organisée par les enfants, qui avaient confectionné des gâteaux, amené de la boisson, acheté un cadeau, et préparé l'animation.

... l'absence du car pour ramener la classe à l'école a permis l'invention d'un feuilleton : « le mystère de l'I.N.S. », qui a déclenché l'ouverture d'une enquête générale !

... la dernière séance de travail s'est terminée par une fête, dans le même genre que celle vécue lors du mariage du moniteur. Inutile d'en décrire l'ambiance...

... enfin, la compétition organisée à l'école devant les parents, qui étaient plus un prétexte pour que ces derniers voient en action leurs petits escrimeurs, qu'une détection de futurs champions.

b) Les lettres : la maîtresse et les enfants ont saisi au vol quelques faits pour rédiger des lettres dont les destinataires ont été variés : le moniteur, nous-même, et même... l'inspecteur, pour lui demander l'autorisation de continuer à faire de l'escrime l'année suivante.

c) Autres activités : un « journal » trimestriel a pu être édité : la plupart des articles étaient rédigés par les jeunes, le reste (!) étant assumé par la maîtresse. L'intégration au travail scolaire s'effectuait tout naturellement : à côté du français et de la grammaire perfectionnés par les rédactions, lettres et autres travaux en commun, le dessin, le calcul, la géographie, l'histoire, les activités manuelles étaient pareillement développés, sans oublier l'enrichissement procuré par la vie en équipe, les démarches diverses (enquêtes, recherche de documents, initiatives diverses..).

d) Les handicapés : cette classe a eu l'occasion, au début du second trimestre, d'échanger une correspondance avec un groupe d'enfants handicapés de Paris ; elle a été complétée par des visites réciproques ; à l'I.N.S., les jeunes handicapés ont pu voir leurs amis escrimeurs en action, et de surcroit, ont pu manier le fleuret ! Ce que chacun a vécu cet après-midi là se traduit difficilement en mots.

e) Visites des élèves-maîtres à l'école : les enfants ont été très sensibles à ces visites, parfois impromptues. Nous étions un peu leurs invités, ils étaient heureux de nous montrer leurs réalisations, ils nous faisaient part de leurs projets, en un mot, nous apprenions mutuellement à mieux nous connaître.

Cette expérience nous paraissait trop riche et trop originale pour ne pas mériter un développement particulier. Laissons d'ailleurs le dernier mot à la maîtresse :

« ... J'ai eu de la chance d'avoir, près de moi, des enfants très vivants et très attachants que j'ai pu garder pendant deux ans.

Je ne connaissais rien — ou peu — des élèves de cet âge-là. C'était la première année que j'abordais le cours moyen, n'ayant jusque-là fait que maternelle, préparatoire, et surtout fin d'études. Les enfants se sont habitués à moi, tandis que je me familiarisais avec eux. Au début, j'ai fait des erreurs : dans le rythme du travail, dans le dosage de l'effort. Ils m'ont aidée et j'ai eu beaucoup de chance de les avoir. Une grande affection nous unit, et ce sentiment a été développé par l'escrime. Comment ?

Et bien, c'est tout simple !!! C'est un sport qui, naturellement, plaît aux enfants. Quand ils l'abordent, ils voient le jeu, et leur instinct batailleur trouve ici de quoi se satisfaire. Ils ont vu que j'aimais aussi l'escrime. Ils savaient que je le découvrais en même temps qu'eux. Ils étaient contents que nous ayons une « distraction » commune (au départ, ce n'était pour eux qu'une distraction.) Ils savaient que j'étais aussi impatiente qu'eux de voir arriver le jour de l'escrime ; cela nous a rapprochés au cours de la seconde année, cette distraction est devenue un sport, un travail aussi. Ils voulaient apprendre, je les ai encouragés le mieux possible. Le fait que je « ferraillais » leur plaisait. Ils savaient qu'ils m'avaient « dépassée » — vu mes dispositions naturelles, ils n'avaient pas grand mérite !!! — ; ils en étaient fiers, et adoptaient parfois un ton protecteur pour me donner des conseils.

Aux tournois auxquels ils assistaient au Stade Coubertin, ils étaient fous de joie. J'ai dit, au départ, que j'avais une classe vivante. Mais, pour une classe de ce genre, encore plus que pour une autre, il faut fournir matière à s'exprimer. Le fait que ces enfants pratiquaient l'escrime m'a énormément aidée. J'avais là un centre d'intérêt naturel, pas du tout surfait, qu'il ne fallait pas laisser échapper. Je comptais l'exploiter un mois, peut-être un trimestre... Il a duré toute une année et a même débordé l'année suivante, puisque, en plus des cahiers personnels qui devaient remplacer le panneau de la première année, nous avons tout de même voulu le refaire : il nous manquait !

Ces deux ans, passés différemment — l'un à l'I.N.S., l'autre à l'école — nous avons pu les comparer, voir les avantages et les inconvénients de chaque formule. *Avantages* d'aller à l'I.N.S. : le dépaysement ; la joie de prendre le car (c'était la partie réjouissance) ; l'émotion d'entrer dans une salle d'armes ; le plaisir de voir des escrimeurs, parfois renommés, s'entraîner ; celui de « toucher » un fleuret électrique.

Inconvénients : temps perdu et ennuis de car.

A l'école : avantages : des cours réguliers, sans déplacements inutiles des enfants ; un horaire bien établi ; un retour au calme dans le cadre même de la classe,

inconvénients : c'est un peu cloîtré, un peu plus « scolaire ». Mais pour cette année-là, les enfants l'envisageaient plus sérieusement, l'escrime était bien à sa place.

En plus de la joie que l'escrime a donnée aux enfants, en plus du développement affectif des liens qui nous unissaient, elle a très fortement développé l'esprit d'équipe de la classe, la loyauté des enfants, le goût de l'effort, et cela s'est répercuté sur leur manière de travailler. Ils ont eu également beaucoup de chance de vous avoir, et d'avoir des élèves-maîtres d'armes tels que Christian et Pierre. Les enfants ressentent plus que les adultes si on les aime ; ou non ; ils ont été comblés ! ... »

« Vous savez qu'en plus de l'aspect sportif, nous nous sommes servis de l'escrime comme thème pour des travaux manuels... »

« Nous avons aussi été contents de rédiger nos « journaux », dont la matière nous a été fournie par l'escrime. Bref, cela a été pour moi une mine inépuisable. »...

« ... Revenons à l'aspect positif de cette activité sportive. Citons, bien sûr, la confiance en soi qu'acquiert l'enfant qui réussit à marquer une touche. Le timide, le maladroit, celui qu'on raille parce qu'il ne sait ni courir, ni grimper à la corde, voit tout à coup qu'il est capable de réaliser quelque chose de valable sur le plan sportif. Alors, le jeu se transforme en compétition, en défi. J'ai vu plusieurs de mes élèves s'épanouir ainsi. »

CHAPITRE IV

VERS QUOI POUVONS-NOUS TENDRE ?

Les quelques observations que nous venons de relater ne sont pas exemptes d'imperfections. Les collègues qui travaillent dans le même sens que nous ont appris à devenir patients quant à la réalisation de leurs projets. Après trois ans d'expérience, voici les améliorations que nous estimons nécessaires pour retirer de l'introduction du sport à l'école tout ce que l'on est en droit d'en attendre.

1) Nous insisterons tout d'abord sur la participation de plus en plus réelle de l'instituteur à la séance proprement dite. Un danger existe, en effet, que celui-là profite de cette heure de sport pour préparer un travail de classe, corriger des devoirs, se privant ainsi d'une heure passionnante où il pourrait véritablement apprécier (si ce n'est « découvrir » comme nous l'avons constaté maintes fois !) le caractère profond de ses élèves. Ces possibilités sont moins grandes quand les enfants sont assis en classe que lorsqu'ils ont une arme dans la main, ou lorsqu'ils arbitrent un combat.

Il ne s'agit pas non plus que le maître devienne un spécialiste « ès sport », ni même qu'il sache bien se battre ou montrer les coups. Un point nous paraît important : qu'il participe, comme ses élèves, aux séances, afin de montrer que les difficultés qu'il éprouve sont identiques aux leurs. Cette participation aura en outre l'avantage de lui faire vivre concrètement les problèmes que sont le maniement d'une arme, le fait de se trouver face à quelqu'un dont on ignore les intentions, le jugement de la touche... Cette expérience lui permettant de pouvoir parler en connaissance de cause, et, d'une certaine façon, de se rapprocher de son groupe.

Cette première initiation l'autoriserait aussi à seconder le maître d'armes, au niveau du perfectionnement des gestes, ou de l'arbitrage, avec l'avantage d'employer un langage qui sera probablement mieux compris des enfants.

2) Nous en arrivons à un deuxième aspect : la nécessité de rapports étroits entre l'instituteur et le spécialiste sportif. Il serait néfaste que ce dernier ne s'intéressat pas du tout aux activités faites en classe. Nous attachons le plus vif intérêt à cette connaissance sur les travaux en cours, la visite de la classe, un compliment donné à l'auteur d'un joli dessin, etc., détails auxquels les enfants demeurent particulièrement sensibles. D'autre part, maître et spécialiste doivent s'informer sur la conception de leur rôle, leur relation pédagogique, les buts qu'ils poursuivent, pour éviter les contradictions. Nous serions même tenté d'aller plus loin : dans la mesure du possible il serait souhaitable qu'ils aient la même attitude pédagogique, le même style de relation avec le groupe.

3) En corollaire, nous estimons que le vécu des séances d'escrime ne doit pas être oublié dès que le matériel est rangé : il doit être exploité, être approfondi ultérieurement.

4) Le principe de la désignation d'une classe pour suivre une initiation sportive s'avère un peu arbitraire, tous les

enfants n'aimant pas forcément le sport proposé. L'organisation éventuelle d'une structure permettrait de remédier à cet inconvénient : deux solutions nous paraissent réalisables sans trop de difficultés :

— proposer à plusieurs classes un certain nombre d'activités diverses, chaque enfant choisissant celle qu'il fera pour une durée à fixer ;

— établir des « cycles » de x. semaines qui permettraient à toutes les classes de connaître toutes ces activités (promenade, sport, enquête, travail manuel, ...). Mais la formation des maîtres d'armes comporte aussi des impératifs !

5) Nous terminerons ce chapitre en signalant un sérieux problème, qui malheureusement nous dépasse, et qui est fort ancien : le fossé qui sépare l'enseignement primaire du secondaire, le cadre administratif actuel empêchant pratiquement tout prolongement de l'un à l'autre. Devant cette difficulté majeure, l'éducateur spécialiste ne peut que formuler ce souhait : « si j'ai aidé ces élèves à « bien » grandir, je n'ai pas tout à fait perdu mon temps ! ».

QUATRIÈME PARTIE

LES CONCEPTIONS PÉDAGOGIQUES
DE CE MODE D'ÉDUCATION

Ce chapitre aurait pu précéder celui qui vient de se terminer. Il pouvait paraître normal de présenter au préalable les bases théoriques de cette forme d'enseignement, avant d'aborder les modalités d'application pratique.

Nous n'avons pas choisi cette solution car dans notre démarche, nous avons accordé autant d'importance, sinon plus, à nos observations concrètes qu'aux données de la psychologie et des sciences de l'éducation. La preuve en est que, plusieurs fois, nous avons dû revenir sur certaines de nos idées, et que, dans de nombreux cas, nous avons abouti à des découvertes déjà faites.

C'est aussi cette expérience pratique, jointe à celle de plusieurs collègues, qui nous a permis de préciser quelques aspects jusqu'alors peu explorés en escrime.

Ce chapitre comportera deux parties :

— l'apport des sciences humaines et une définition de l' « œuvre éducative » ;

— les conséquences pratiques : le rôle du maître, le rôle de la technique dans cette œuvre éducative.

CHAPITRE I

QU'EST-CE QUE L'ŒUVRE ÉDUCATIVE ?

Nos principales sources sont constituées par les travaux de M. CHIRPAZ, *le corps,* P.U.F. et de MM. RIOUX et CHAPPUIS, *Bases psycho-pédagogiques de l'éducation corporelle* et *Éléments de psycho-pédagogie sportive,* éd. Vrin. Plutôt que de reproduire quelques-unes de leurs idées, nous nous permettons de citer les points de référence suivants au niveau de la relation pédagogique :

— Importance fondamentale du *vécu,* qui conditionne et précède tout apprentissage. Le corps est « le mode de contact au monde ». Cf. Chirpaz : « Ni chose, ni outil, mon corps, c'est moi au monde ». Et l'on ne peut améliorer cette relation au monde par l'intermédiaire d'autrui.

— Respect de la personnalité de chaque élève, et de toutes ses potentialités, notamment sa créativité, et son désir de dépassement. Cf. Rioux-Chappuis : « L'approche psycho-pédagogique exige une analyse très fine de l'être... elle doit devenir l'expérience d'une relation étroite avec autrui... elle doit découvrir la personnalité de chacun ».

— La connaissance des caractéristiques des grandes phases du développement psycho-moteur par lesquelles passe l'enfant ou l'adolescent. « Pour enseigner, il faut comprendre l'enfant ; le comprendre, c'est savoir ce qu'il ressent, c'est connaître ce qu'il pense, c'est déceler ce qu'il veut, c'est estimer ce qu'il peut ».

La nature et les modalités pratiques de l'œuvre éducative sont inséparables d'une certaine idée que l'éducateur se fait de l'homme, et de son propre rôle.

Personnellement, nous avons opté pour la définition suivante, que nous essayons de vivre depuis plus de cinq ans : « éduquer ne consiste pas à transmettre un savoir et des conduites, mais à imaginer une situation psycho-sociale qui incite l'élève à les découvrir de lui-même et à les intégrer dans une œuvre vraiment originale. Éduquer consiste donc à faciliter l'éclosion intégrale de la créativité avec le souci permanent d'une promotion ». (Rioux et Chappuis, *id.*).

L'œuvre éducative n'est donc pas un puzzle à reconstituer : elle est essentiellement aide à la connaissance de l'enfant par lui-même, par un profond respect de sa liberté et de sa personnalité. Par conséquent, il est souhaitable qu'il existe des liens étroits entre ceux qui sont particulièrement chargés de l'épanouissement de ce jeune en formation : les parents, les maîtres, les enseignants spécialistes (artistiques, sportifs...). L'éducation ne peut plus être définie comme un rapport d'autorité entre deux parties ; elles devient une entreprise commune, sorte de « coopération tri-partite », où l'enseigné, le maître et le groupe ont des responsabilités dans la bonne marche et l'évolution de la séance. Les problèmes ne se révèlent plus seulement d'ordre technique, le maître étant le seul détenteur des solutions, ils deviennent très variés, et sont aussi bien d'ordre formel que social. Le maître technicien doit se doubler ,si l'on peut dire, du maître-psychologue, dont la tâche principale consiste à s'adapter aux besoins et aux motivations du groupe.

Parmi les nombreux travaux qui ont porté sur ce vaste problème qu'est l'éducation, nous nous souvenons du « Plan de réforme » dressé par la « Commission d'Étude sur la fonction enseignante dans le Second Degré », publié en mai 1972 sous la présidence de M. Joxe. Même si les membres de cette commission cantonnent leur étude au niveau du secondaire, nous pensons que leurs recommandations restent identiques pour l'enseignement primaire ou supérieur.

Relevons, sans ordre bien établi, les deux orientations suivantes : « les maîtres ne sont pas au service des spécialités : ils n'en sont pas les prêtres et les défenseurs, ils ont des élèves à former » (page 54).

« Leur fonction n'est pas d'exécuter des instructions, mais ... d'avoir une responsabilité éducative envers leurs élèves ».

Le spécialiste a trop souvent tendance à considérer la pratique de son sport sous le seul angle du rendement, recherchant de ses élèves la plus grande efficacité gestuelle. Or, la finalité de l'école étant l'éducation générale, il faut tendre vers une conception globale de l'éducation, qui associe les activités scolaires et les autres, et reposant sur le vécu.

D'un autre groupe de travail, sous la direction du Recteur Antoine, nous extrayons les propositions suivantes, qui portent sur la définition et les caractéristiques du « nouveau maître » :

— « il n'est plus un maître à enseigner, mais un maître à former » ;

— « il doit vivre de plain-pied avec le monde nouveau » (et non rester dans son petit univers de spécialiste) ;

— « il doit être un esprit d'une grande curiosité ... il doit éclater hors de sa spécialité » ;

— « il doit être un expert en relations humaines... il doit savoir travailler en équipe. »

Comment une telle conception peut-elle se traduire, concrètement, en escrime ? Nous proposons le schéma suivant, qui n'est d'ailleurs pas exclusif. Partant de l'assaut, une discussion commune permet au maître de percevoir les difficultés, ou intérêts, qu'éprouve tout ou partie du groupe (besoin de jeu, de perfectionnement technique...) L'éducateur aide le groupe à prendre clairement conscience de ce problème, à le formuler, et ensuite à chercher les moyens de les résoudre : dans l'abstrait, tout d'abord, par la réflexion, puis sur la piste.

En cernant progressivement les problèmes, c'est le groupe tout entier qui progresse, chaque élève selon son niveau, prenant en main sa propre mutation, sollicitant le maître quand besoin est.

CHAPITRE II

CONSÉQUENCES PRATIQUES

Celles-ci peuvent se résumer en trois questions :
— quel doit être le rôle du maître ?
— quel doit être le rôle du groupe ?
— quel doit être le rôle de la technique ?

1. *Le rôle du maître* : nous avons déjà eu l'occasion d'en parler dans les chapitres précédents. Pour éviter des redites toujours gênantes, nous allons résumer les qualités qu'il doit posséder, selon nous, et les grandes lignes de son action.

La première est la disponibilité aux autres. Savoir les écouter, les comprendre, pour mieux découvrir leur personnalité profonde, dont ils ne montrent généralement que la façade. Cela suppose de grandes capacités d'oubli de soi, car la tentation est toujours grande de vouloir proposer, sinon imposer, ses connaissances ou idées. Ici encore, revenons à la réalité quotidienne : que recherche vraiment l'enfant, l'adolescent ou l'adulte en venant participer à une séance sportive ? Dans la grande majorité des cas, le sport n'est-il pas, davantage qu'un but en soi, un moyen de mieux s'explorer, de jouer, de faire quelque chose avec d'autres ? Ce besoin profond ne doit pas être ignoré de l'éducateur.

Les connaissances techniques doivent naturellement être complètes : l'éduqué doit sentir en face de lui un spécialiste qui possède bien les différents aspects de son sport. Cette formation repose sur deux sortes de bases : théoriques et pratiques. L'expérience nous montre qu'il n'en va pas toujours ainsi : à quoi cela sert-il de connaître sur le bout des doigts tous les aspects théoriques (techniques, pédagogiques, scientifiques, tactiques...) s'ils n'ont pas subi le feu de la pratique ? Et inversement, peut-on être un bon maître d'armes si l'on se satisfait de la seule expérience acquise sur les pistes, en compétition ?

Nous ajouterons une troisième considération : le maître doit être le catalyseur des besoins de ceux qui participent à la séance. Les désirs individuels sont une chose, les relations inter-individuelles en sont une autre, fort différente ; le maître doit par conséquent être attentif à ces petits problèmes propres à toute vie en groupe : les attraits, les mises à l'écart, les sous-groupes, les leaders, les tensions, causés par les différences d'âge, de sexe, de personnalité, de motivation, d'origine sociale.

On ne transmet pas n'importe quoi à n'importe qui et n'importe comment. On ne sollicite pas un enfant comme un adolescent, un garçon comme une fille ; il est des périodes, et des moments au cours d'une même séance, où le sujet se montre moins réceptif qu'à d'autres ; chaque individu, chaque groupe, possède sa propre histoire ; un type de relation entre l'animateur et le groupe pourra s'avérer excellent un jour, et inadéquat un autre jour.

Cela nous amène à définir un certain nombre de qualités, plus ou moins implicitement évoquées dans les lignes précédentes : une constante adaptation à une situation très souvent changeante, une grande clairvoyance, et une grande honnêteté intellectuelle, gage de la volonté de faire souvent autre chose que ce que l'on avait prévu. Cela ne signifie d'ailleurs pas abandon total au groupe du choix des exercices ; quand il en sent le besoin, le maître doit faire comprendre la nécessité d'un travail qui, au départ, pourrait ne pas être admis !

Dans ce paragraphe consacré au rôle du maître, nous avons préféré insister sur l'aspect humain : non parce qu'il nous paraît le plus important, mais parce qu'il n'a jamais été mis en valeur. La majorité des auteurs spécialistes de l'escrime n'ont porté leur attention que sur l'aspect technique de leur sport ; ou bien, quand certains osaient l'évoquer, il se trouvait toujours des détracteurs pour affirmer péremptoirement que « l'escrime, çà se passe avec une arme à la main, et non en discutant sur de grands principes ».

2. *Le rôle de la technique* : tout d'abord, qu'est-ce que la technique ? Nous proposons cette définition : manière de se servir de son arme face à un adversaire. Cela signifie plusieurs choses :

— il n'existe pas « une » technique, décrite et codifiée une fois pour toutes, à l'usage de tous les pratiquants. Il existe des principes généraux d'exécution, dont l'application se révèle indispensable si l'on veut toucher. Mais chaque action est « sentie », sur le plan musculaire, différemment par chacun. Il nous paraît donc artificiel qu'un entraîneur cherche à ce que ses élèves sachent reproduire d'une manière identique les mêmes gestes ;

— le débutant, au même titre que le tireur confirmé, possède « sa » technique, témoin d'un certain niveau de pratique. Il est inexact de penser que, avant de faire assaut, il faut posséder un minimum de savoir-faire. Cette technique-ci ne peut répondre aux « canons » en vigueur, parce que quantité de problèmes ne se trouvent pas encore résolus :

maladresse du corps dans une situation nouvelle, non maîtrise de l'arme, terrain limité qui autorise moins facilement les déplacements latéraux que vers l'avant ou l'arrière. Néanmoins, ce comportement constitue une technique, que les pédagogues feraient bien d'admettre dans leur enseignement ;

— cet art d'utiliser au mieux son arme laisse une grande liberté à l'escrimeur. Jusqu'alors, la technique a été considérée comme un ensemble d'actions dont l'exécution reste bien précise ; quelques traités y consacrent des dizaines et des dizaines de pages. Le tireur respectueux de ces descriptions est dit « classique ». En exagérant à peine, on qualifie toute action qui sort de ce cadre de référence de « peu orthodoxe ». En somme, il s'agit de faire passer les pratiquants dans un même moule, qui s'articule selon les phases suivantes : démonstration, exécution, répétition, mécanisation.

Alors, pourquoi fermer les yeux sur une réalité évidente : la diversité des individus ? Pourquoi entraver leur liberté, leurs capacités d'invention, au point de les empêcher d'être vraiment eux-mêmes pendant l'assaut, de pouvoir organiser la séance après échange de vues avec le maître, de chercher à s'exprimer — à condition de ne pas gêner les autres — comme ils l'entendent, arme à la main, jusqu'à ce qu'ils comprennent que sans l'aide du spécialiste, ils ne progressent pas rapidement ?

— Enfin, cette technique est constamment fonction de l'adversaire. Pourtant très banale, cette considération demeure trop souvent oubliée par les enseignants, qui ont tendance à considérer l'escrime comme la gymnastique, en insistant davantage sur l'aspect esthétique et la forme des mouvements. Or, l'escrime ne peut se pratiquer qu'à deux, et le critère de réussite est autre : l'efficacité !

En somme, à partir d'éléments techniques et tactiques

qui auront été plus ou moins découverts, ou amenés avec l'aide du maître — mais de toute manière vécus en situation d'opposition —, chacun va procéder à un travail d'assimilation selon ses propres capacités morphologiques, physiologiques et psychologiques. Nous ne nions pas la valeur d'un travail de mécanisation, qui reste indispensable : mais sa nécessité doit être comprise et admise par l'élève.

3. *Le rôle du groupe* : le groupe de travail a toujours une certaine âme. Les élèves se connaissent plus ou moins, le maître, de par sa fonction, va faire partie de ce groupe, tout en en restant un élément bien particulier. Des liens vont se créer, s'approfondir. Le professeur va jouer un grand rôle dans la nature des relations qui vont s'établir : de son attitude, dépend l'esprit qui règnera au sein du groupe. S'il néglige cet aspect très important, ses élèves le sentiront très rapidement, et se comporteront probablement en individualistes, ne cherchant que leur propre plaisir. Par contre, s'il essaie d'instaurer une atmosphère de bonne humeur, de coopération — par le respect des qualités profondes de chacun —, toute autre sera l'ambiance : les anciens aideront les nouveaux, on se donnera des conseils... Ce qui ne signifie pas qu'il n'y aura aucun problème de relations inter-individuelles : mais c'est le propre de toute vie sociale !

Plus le groupe sera homogène, plus les problèmes techniques, d'organisation ou de choix des activités, auront des chances d'être communs à tous. Il en va de même en ce qui concerne les aspects plus psychologiques : compréhension, raisonnement, enchaînement des idées, expression orale et corporelle...

Il ne faut pas ignorer non plus que l'enfant, et à un degré moindre l'adolescent, se situe mieux, se sent mieux dans un groupe peu volumineux ; son activité intellectuelle est davantage sollicitée, pour chercher la solution d'une difficulté, observer, arbitrer, se donner des conseils. Ces situations font appel à l'intelligence bien plus que dans le cadre d'une séance où le maître est « plénipotentiaire ». Il s'y crée une véritable dynamique, très favorable à la recherche et au progrès.

4. *Les conséquences de ce mode de formation : vers un nouveau « savoir-être »* : toute conception un peu nouvelle est jugée en fonction des résultats visibles obtenus. Celle que nous venons de proposer n'échappe pas à la règle : « A quoi aboutit votre méthode ? Est-ce que vous ne perdez pas trop de temps ? Vos élèves ne vont-ils pas prendre des défauts irréversibles ? Pourquoi ne pas leur donner un minimum d'acquisitions techniques avant de les mettre à l'assaut ? On verra ce que cela donnera dans quelques années ! », sont les remarques les plus fréquentes.

Quand il s'agit de déterminer un niveau en escrime, la touche constitue le seul moyen objectif. De là à affirmer que le tireur qui gagne un assaut est le plus fort, il n'y a qu'un pas, franchi allègrement par la majorité des gens, même des spécialistes. Le gain d'un match s'avère significatif d'un rapport de forces très passager : le temps que dure un combat. Mais le résultat ne permet pas de donner d'indications précises quant au degré d'assimilation des éléments techniques et tactiques, ni du niveau de maturation atteint. En outre, il s'avère sans utilité pour savoir comment a été vécu l'enseignement par le pratiquant, s'il y a eu épanouissement, etc.

Pour ces raisons, nous nous refusons à attacher une importance excessive au résultat brut d'un assaut. Il est bien plus intéressant de constater, ou de sentir, chez un tireur un effort conscient sur un point précis, que de rester béat parce qu'il touche souvent ! Le rendement n'est pas la seule fin de la pratique sportive ; s'y ajoute le développement harmonieux des potentialités de chacun (activité de loisir).

Ce climat affectif serein, détendu, que nous tentons d'établir, doit permettre à chacun de se sentir à l'aise dans le groupe. Cette intégration repose sur la responsabilité personnelle assumée par chacun dans la bonne marche du groupe. Même les enfants comprennent fort bien que le chahuteur nuit à la bonne marche ; chacun demeure en effet directement intéressé, participant actif, à la résolution des problèmes inhérents à la vie collective : exprimer ses idées à tour de rôle, ne pas monopoliser la parole, savoir écouter autrui, ne pas gêner, prendre des initiatives positives...

Dans cette forme de relations, l'intelligence se tient toujours en éveil, au cours du perfectionnement individuel et pendant l'apprentissage collectif. L'élève doit sans cesse porter son attention sur ce qu'il fait. Forme d'enseignement beaucoup plus fatigante que la forme traditionnelle, pour le professeur et pour le pratiquant !

5. *La formation du maître* : cette conception de la relation pédagogique au niveau de l'enseignement sportif nous paraît assez nettement différente de l'attitude directive plus courante, qui pose au spécialiste des problèmes moins nombreux. Au respect d'autrui, s'ajoutent les conséquences d'une évolution sociale rapide, qui se traduisent de plusieurs manières : le maître d'armes est amené à enseigner dans des lieux très divers (établissements scolaires, clubs, maisons de jeunes...), à des élèves très variés (par leur sexe, leur âge, leurs motivations, leur origine sociale...), et selon des modalités pratiques inégales (conditions matérielles, locaux, équipement, horaires...).

Les tâches de ce spécialiste se sont multipliées :

— sur le plan technique, il doit bien suivre l'évolution de son sport, bien savoir arbitrer, organiser aussi bien chaque séance que des rencontres amicales ou même des compétitions ; savoir également s'occuper de l'entretien du matériel, administrer sa section (problèmes d'assurance, de licence, de subvention...) ;

— sur le plan humain, il doit s'efforcer de bien connaître chaque pratiquant, d'animer le groupe, de respecter les opinions émises ; son contact doit être facile et agréable, car il est appelé à être en rapport avec des personnes très diverses (jeunes élèves, parents, adolescents ou adultes pratiquants, responsables du groupement sportif ou municipal, administrateurs à divers titres, etc.).

Enfin, il porte une lourde responsabilité éducative, en particulier auprès des jeunes.

Nous sommes loin du maître d'armes roi dans sa salle, distributeur de leçons individuelles, imposant toutes ses vues. Ces différentes fonctions énumérées très brièvement nécessitent une formation complète, autant pratique que théorique.

ANNEXE

Nous ne voudrions pas terminer ces réflexions sans dire quelques mots d'un aspect de l'enseignement qui, jusqu'à nos jours, n'a pas encore été mis en lumière : nous allons tenter de le préciser.

Dans les pages qui précèdent, il a surtout été question de problèmes techniques, moteurs et psychologiques. Toutefois, ces derniers sont moins bien connus que les deux premiers : et pourtant, ils occupent une place primordiale dans notre sport. Nous pensons au sentiment de relative sécurité, ou d'insécurité, qui fait partie intégrante de la vie profonde de chaque être humain, à son insu la plupart du temps.

Chaque personne passe, tout au long de sa journée, et de sa vie *a fortiori,* par des périodes extrêmes où elle se « sent bien dans sa peau », et d'autres où elle va jusqu'à douter d'elle-même. Cette alternance n'est pas régulière, les durées respectives de ces phases sont variables. Quel que soit son niveau, l'enseigné se trouve constamment aux prises avec une situation ambiguë qui, en schématisant, peut se résumer de la manière suivante : il sait qu'il ne sait pas — anxiété —, mais il désire s'assurer qu'il sait — besoin de sécurité. La première composante de cette situation se concrétise lors des échecs en assaut : échec pour porter une touche, échec quand il se fait toucher, échec lorsqu'il ne réussit pas un geste demandé par le maître ; d'autre part, il a besoin d'un certain réconfort moral : savoir qu'il possède un bagage technique acceptable en fonction de son niveau, satisfaction de la victoire sur un adversaire de niveau similaire au sien, encouragements du professeur...

Cet aspect ne se limite pas au domaine sportif : il se retrouve dans tous les domaines de la vie. Tout être a un besoin vital de savoir, et de constater ses progrès en fonction de points de repère précis. En sport, c'est le plus souvent l'entraîneur qui va assumer ce rôle : en comparant des performances récentes à d'autres plus anciennes, s'il s'agit d'un sport qui fait intervenir le temps ou la distance. Par contre, s'il s'agit d'un sport collectif ou d'opposition, il insistera sur l'évolution du comportement pendant les différentes phases de l'entraînement ou du match. Au fond de lui-même, le sportif doute toujours. Il appréhende la compétition, moment unique où l'entraînement va se trouver concrétisé dans toute sa plénitude. Il attend cette « épreuve » avec d'autant plus d'anxiété que ses adversaires seront de valeur sensiblement égale à la sienne, ou qu'il lui accordera une grande importance, ou encore que ses derniers entraînements ne lui auront pas procuré cet état de confiance en lui.

Toutes les disciplines sportives sont riches d'exemples où des athlètes, des équipes, ont dominé des adversaires présumés plus forts, ou mieux préparés. Et réciproquement, combien de fois n'a-t-on pas assisté à la victoire d'un sportif dont les performances précédentes ne faisaient pas le favori logique, ou d'une équipe qui en a vaincu une autre aux individualités brillantes ! De telles « surprises » ne restent pas sans explication : les athlètes, leurs entraîneurs et dirigeants essaient bien de les définir après coup ; « ils ont mieux joué que nous », « il s'est mieux battu », « il en voulait davantage ! » sont des phrases qui reviennent souvent dans la bouche des vaincus. Encore s'agit-il de savoir pourquoi une équipe a mieux réussi, pourquoi un athlète a gagné. Si l'on admet que l'entraînement a amené les antagonistes à un niveau de savoir-faire voisin, la différence ne peut s'expliquer que par des facteurs psychologiques ; prenons un exemple que nous connaissons bien pour l'avoir vécu.

A un élément près, l'équipe de fleuret française était la même aux Jeux Olympiques de Mexico et à ceux de Munich ; en 1968, elle remporte la médaille d'or, en 1972, elle est 3e. Aux deux Championnats du Monde précédents, elle terminait 4e en 1966, 5e en 1967. 6e en 1970, elle gagne en 1971. En ce qui concerne les épreuves individuelles, et par équipes disputées dans le courant de l'année précédant les Jeux, les résultats ont été moyens en 1968, excellents en 1972 (toutes les compétitions gagnées par des Français). Pour nous résumer, dans un cas, en 1968, des tireurs qui ont de l'ambition, mais qui n'arrivent pas aux Jeux en position de force ; dans l'autre, en 1972, des tireurs qui sont la cible de tous les participants, à quoi s'ajoute l'appréhension plus ou moins consciente de ne pas réussir la brillante performance que tout le monde attend. La préparation peut difficilement être mise en cause : ce n'est pas sur le plan technique que l'on doit, à notre avis, rechercher une explication à cette « déception » : c'est ailleurs, peut-être au niveau de la manière dont nous avons tiré. Nous sommes enclins à croire que, à Mexico, notre état d'esprit était celui d'athlètes ayant plus à gagner qu'à perdre ; situation tout à fait différente à Munich où, malgré nous, « habitués » à nos succès, nous n'avons pas su réagir dans les moments difficiles.

Nous touchons ici un nouvel aspect, tout à fait inconnu, qui doit faire partie intégrante de l'enseignement, qu'il soit sportif, pratique, ou intellectuel. Une nouvelle fois, nous constatons que l'éducateur doit être un psychologue averti, puisqu'il va devoir soupçonner, et tenir compte, de ces états très complexes que sont l'anxiété et la sécurité. C'est une des grandes faiblesses de la pédagogie traditionnelle en escrime que de sécuriser l'élève au maximum face au maître — partenaire le plus complaisant qui soit —, et de le laisser complètement désarmé lors du passage à l'assaut, débouché logique d'un apprentissage parfois long et fastidieux. Sans tomber dans l'autre extrême qui consisterait à laisser l'élève tout découvrir par lui-même, le maître doit louvoyer habilement entre ces deux excès : en sentant au niveau du groupe et de l'individu les moments d'inquiétude, il apportera son aide pour rassurer, perfectionner, montrer les connaissances ou les progrès. Quand il verra le groupe « mûrir », ou se satisfaire d'un acquis sans plus chercher à se dépasser, ou s'endormir sur des résultats, alors il introduira quelques notions nouvelles ; ou il demandera de tirer contre des adversaires plus forts, pour bien faire sentir à chacun qu'il n'est pas arrivé au sommet de la maîtrise. Cette attitude aura pour conséquence de relancer la dynamique du groupe, l'intérêt de chaque participant, sa réflexion. Il reste aux maîtres d'armes à découvrir les solutions pratiques qui nous permettront d'aider nos élèves à franchir les étapes, aussi bien dans la pratique sportive que dans leur épanouissement total.

CINQUIÈME PARTIE

CONCLUSION

Tout au long de ces pages, les constats et les propositions se sont mêlés. Nous avons vu, à plusieurs reprises, la nécessité vitale pour l'escrime d'évoluer, car ce sport reste encore trop mal connu, même par ceux qui croient bien le connaître. Une difficulté supplémentaire se pose : dans une activité sportive qui a une telle tradition, les réticences à une évolution demeurent parfois très vives, et les esprits ne s'accommodent pas aisément à l'idée d'un renouveau.

Cependant, l'engouement qui se manifeste depuis quelques années témoigne d'un intérêt croissant pour ce sport, notamment chez les jeunes. Plusieurs raisons peuvent expliquer ce phénomène, en particulier la tendance profonde qu'éprouve tout être humain à se mesurer à d'autres. Par conséquent, une véritable démocratisation devra surmonter un certain nombre de difficultés :

pédagogiques, d'abord :

— ne plus considérer la leçon individuelle comme la panacée, et admettre que la technique n'est pas la seule composante de l'enseignement sportif ;

— la personnalité et l'affectivité du pratiquant évoluent d'une séance à l'autre : l'entraîneur doit chercher à s'adapter à ces dispositions du moment ;

— dans le même ordre d'idées, le maître d'armes devra, comme tous les enseignants, ne plus se satisfaire de son acquis ; sans cesse, il lui faudra actualiser ses connaissances, évoluer, acquérir un esprit inventif ;

— enfin, l'évolution sociale semble ne plus accorder autant d'importance au rendement dans la pratique d'un sport. La recherche de la performance, le souci du meilleur résultat ne sont plus les seuls objectifs poursuivis ; d'autres intérêts viennent se greffer, que l'enseignant ne doit pas négliger, sous peine de ne pas satisfaire pleinement ses adhérents (sport de compétition, sport de formation, activité de loisir) ;

techniques, ensuite : la cherté du matériel est assurément un frein à une démocratisation authentique. Ce problème pourrait trouver une solution par la création d'une sorte de coopérative centrale d'achat, alimentée par des articles de prix réduit. Nous pensons notamment à l'emploi de la fibre de verre pour la fabrication des armes, au niveau de l'initiation, et à l'adaptation du matériel aux différentes catégories de pratiquants.

L'arbitrage est également un problème à résoudre dans les meilleurs délais. Alors que dans presque tous les sports, deux ou trois arbitres, ou même davantage, sont indispensables pour rendre la décision, en escrime une seule personne a tous les pouvoirs : analyser les actions qui s'enchaînent au cours d'un assaut, et déterminer leur priorité, surveiller le comportement des tireurs, maintenir l'ordre aux abords de la piste, veiller au bon fonctionnement des installations électriques, etc. Ses décisions sont sans appel. Il devient donc nécessaire d'aider cet arbitre dans sa tâche, soit grâce à un ou deux « aides », soit grâce au magnétoscope, deux moyens, parmi d'autres, qui atténueraient grandement les erreurs flagrantes qui faussent le résultat de beaucoup d'épreuves.

TABLE DES MATIÈRES